मरने से पहले

(Before Dying)

मरने से पहले

राज ऋषि शर्मा

राजर्षि प्रकाशन

नागवनी रोड, जम्मू

राज ऋषि शर्मा

राजर्षि प्रकाशन

नागवनी रोड, जम्मू

First Edition, 2023
Price: Rs.149.00

राज ऋषि शर्मा

राज ऋषि शर्मा

राज ऋषि शर्मा

मरने से पहले

इस शीर्षक से सभी को इस बात का भ्रम हो सकता है कि शायद इस पुस्तक में मनुष्य की अंतिम इच्छा के विषय में ही लिखा हो सकता है किन्तु ऐसा कुछ भी नहीं है। मृत्यु एक अटल सच्चाई है। इस के विषय में तो सभी को ज्ञात है। इस विषय पर अनेक विद्वानों द्वारा समय समय पर सोच विचार किया जा चुका है तथा लिखा भी जा चुका है। इसी विषय पर बार बार कुछ भी कहना अथवा लिखना उचित नहीं होगा।

इसमें संदेह नहीं कि 'मरने के पश्चात' विषय पर बहुत कुछ कहा जा सकता है एवं कहा भी गया है किन्तु 'मरने से पहले' ! 'मरने से पहले' विषय पर शायद अभी तक कुछ भी नहीं कहा गया है। विशेषतया 'मरने से पहले' के उस समय के विषय में जब मनुष्य पूर्णतया जागरूक हो सकता है। जब जीवन में उसके द्वारा कुछ सार्थक किया जा सकता है। वो समय कौन सा हो सकता है। कब हो सकता है। इसी विषय को ही इस पुस्तक में लेकर इस पर गंभीरतापूर्वक मनन किया गया है।

राज ऋषि शर्मा

समय समय पर, मरने के पश्चात के जीवन की कल्पना की गयी है तथा धार्मिक, मनोवैज्ञानिक, वैज्ञानिक दृष्टिकोण से इसकी व्याख्या भी की गयी है। यह तार्किक हो सकता है। इस पर अनेक व्याख्या, विश्लेषण तथा निष्कर्ष किए होने पर भी निश्चित रूप से इस विषय पर कुछ भी कह पाना किसी के लिए भी संभव नहीं हो सकता है। यही कारण है कि हमारे इस विषय के मूल में इसके प्रति सोच भी इस प्रकार के चिंतन एवं विश्लेषण का एक आधार हो सकती है।

कहा जा सकता है कि मरने से पहले के जीवन में तो बहुत कुछ है, आनंद है, जीवन है, जीवन का विस्तार है, यह ही वास्तविक जीवन है किन्तु इस सब के उपरांत भी यह विषयान्तर्गत नहीं है। यह विषय 'मरने से पहले' होने के पश्चात भी इससे संबंधित नहीं है। हमारा विषय मृत्युपूर्व के जीवन से संबंधित होने पर भी इसके उत्तरार्द्ध तक ही सीमित है।

इस अध्ययन एवं विवेचना के अन्तर्गत जन्म लेने के पश्चात तथा मृत्यु से पहले के जीवन को दो भागों में विभक्त कर दिया गया है। जीवन के उस भाग से सम्बंधित है जो जीवन के अंत से जुड़ा हुआ है। जिसके एक भाग में उन्मुक्त जीवन है तो दूसरा भाग मृत्यु के सत्य से जुड़ा हुआ है। उसकी समझ धीरे धीरे इस के प्रति

राज ऋषि शर्मा

अध्ययन, मनन एवं विश्लेषण के साथ ही बढ़ती जाएगी।

यह सर्वविदित है। जीवन के विषय में हमें बहुत कुछ ज्ञात है किन्तु इसके उपरांत भी जीवन का एक ऐसा अछूता पहलू भी है जिसके विषय में कहा जा सकता है कि बहुत कुछ मालूम होने के उपरांत भी हमें बहुत कम ही ज्ञात है तथा इसके विषय में बहुत ही कम कहा भी गया है। यूं भी कहा जा सकता है कि इस विषय में हमें ऐसा कुछ भी तो ज्ञात नहीं है जो हमारे लिए महत्वपूर्ण, अभूतपूर्व एवं अविस्मरणीय हो। इस विषय में हम कुछ भी नहीं जानते जिस का हमें ज्ञान होना अति आवश्यक है। वास्तव में इस विषय के ज्ञान में ही जीवन का सार है। इसमें ही सम्पूर्ण जीवन की पूर्णता भी है और यह बहुत आवश्यक भी है।

सर्वप्रथम आवश्यकता है इस विषय में अपने मन से किसी भी प्रकार के भ्रम को दूर करने की। मृत्यु के विषय में जितना जो पूर्वाग्रह हमारे मन मस्तिष्क में है, वास्तव में सत्य पूर्णतया इसके विपरीत है। आज तक ऋषि, मनीषी अपने चिंतन मनन से एवं वैज्ञानिक अपने शोध से इसी निष्कर्ष पर पहुंचे हैं कि मृत्यु जीवन का अंतिम पढ़ाव है, जिसे हर मनुष्य को पार करना ही है। यह पढ़ाव निद्रा के पश्चात दुसरे दिन में प्रवेश करने के सामान है। जिसमें एक नया दिन है ! एक नया सवेरा है एवं एक नव जीवन है !

राज ऋषि शर्मा

'मरने से पहले' विषय का सम्बन्ध हमारे उस समय से है जब मनुष्य मौत के सम्मुख होता है या उसे इस बात का आभास हो गया होता है कि अब वह मरने ही वाला है। उसकी मौत उससे कुछ ही अंतराल पर है। यह कभी भी आ सकती है। आज ! एक सप्ताह के पश्चात ! एक माह के पश्चात या फिर एक वर्ष के पश्चात ! कभी भी उसे उसके क्षणभंगुर जीवन से छीन कर उसे जीवन मरण की सीमा के पार उस अनंत की ओर ले जा सकती है, जिसके विषय में अनंत काल से कल्पना, मनन तथा वैज्ञानिक अनुसंधान ही किये जा रहे है किन्तु निश्चित रूप से अभी तक इस विषय में कुछ भी नहीं कहा जा सका है।

यह वो विषय है, जो बहुत संक्षिप्त होते हुए भी अति विस्तृत है। जिसकी थाह मनुष्य आयु पर्यन्त नहीं पा सका है। उसे यदि पाया जा सकता है तो उस समय में, उस अंतराल में ही पाया जा सकता है जो मरने से पहले का है। कुछ क्षण ! कुछ दिन ! कुछ माह अथवा कुछ वर्ष पहले का ! जैसे जैसे समय का अंतराल बढ़ता जाएगा, वैसे ही हमारे विषय से सम्बन्धित विवेचना भी संकुचित होती जाएगी। उस के अंतराल का मूल्य अथवा महत्व कम होता जाएगा।

इस विषय को कुछ इस प्रकार से भी समझा जा सकता है।

राज ऋषि शर्मा

एक व्यक्ति को पता चलता है कि उसकी मृत्यु कुछ ही क्षण पश्चात होने वाली है। तो ऐसे समय में उसकी प्रतिक्रिया क्या हो सकती है। यदि उसे पता चलता है कि उसकी मृत्यु एक घंटे पश्चात होने वाली है। तब उसकी प्रतिक्रिया क्या हो सकती है ?

इसी प्रकार यदि किसी को पता चलता है कि उसकी मृत्यु एक दिन के भीतर हो जाएगी। एक सप्ताह के भीतर हो जाएगी। एक माह के भीतर अथवा निश्चित रूप से ही एक वर्ष के भीतर उसकी मृत्यु होने वाली है तो भिन्न भिन्न समय अंतराल का उस पर क्या प्रभाव पड़ेगा ? निश्चित रूप से ही हर अवसर के लिए उस पर इसका भिन्न ही प्रभाव होगा।

एक सत्य घटना इस प्रकार से है कि एक दिन देश के एक प्रसिद्ध हॉस्पिटल में एक महिला ने प्रवेश किया। वह किसी गंभीर रोग से पीड़ित थी। उसे डॉक्टर ने बता दिया था कि उसकी आयु चौबीस घंटे से अधिक नहीं है। वह बहुत घबराई हुई थी। उसे दो दिन में एक बहुत ही आवश्यक कार्य करना था। वह सीधे डॉक्टर के कमरे में चली गई। डॉक्टर उसे जानते थे। उन्होंने उसके प्रवेश करते ही उसे बैठने के लिए कहा।

डॉक्टर के सामने ही कुर्सी पर बैठते हुए उस महिला ने कहा, "डॉक्टर ! क्या आपने मेरी सभी रिपोर्ट्स को अच्छी तरह ध्यान से

राज ऋषि शर्मा

देख लिया है ?"

"यस मैडम ! हमारी सारी टीम ने इसकी अच्छी तरह से जांच की है।" डॉक्टर ने उत्तर दिया।

"तो क्या आप अब भी यही कहते हैं कि मैं चौबीस घंटे से अधिक नहीं जी सकूंगी ?" उसने बहुत ही व्याकुलता भरे स्वर से पूछा।

"हाँ मैडम ! हम अब भी यही कहते हैं और यह सत्य भी है। डॉक्टरों की पूरी टीम ने आपके केस का पूर्ण गहनता से अध्ययन किया है। अब इसमें किसी भी प्रकार की कोई दो राय नहीं हो सकती।" डॉक्टर ने उत्तर दिया।

यह सुनकर वह महिला बहुत शांत तथा धीर गंभीर हो गई। उसने शांत स्वर में ही डॉक्टर से कहा, "डॉक्टर ! इस ब्रीफ़केस को देख रहे है आप ?

डॉक्टर ने पल भर के लिए उस ब्रीफ़केस की ओर दृष्टि घुमाई किन्तु उसकी समझ में कुछ भी नहीं आया।

जब डॉक्टर ने प्रतिक्रिया स्वरूप कुछ भी नहीं कहा तो उस

महिला ने ही कहा, "इसमें इतना पैसा है डॉक्टर जितना कि आप कभी कल्पना भी नहीं कर सकते।"

कुछ क्षण रुक कर उस महिला ने फिर कहा, "यह सारा धन डॉक्टर आप रख लो लेकिन मुझे किसी भी तरह से, किसी भी उपाय से, दो दिन का जीवन दान दे दो।"

इस पर भी डॉक्टर की कोई प्रतिक्रिया ना देखकर और उसे शांत देख कर उस महिला ने फिर कहा, "डॉक्टर ! मैंने आज तक अपने जीवन में जो कुछ भी कमाया हुआ है, वो मैं सब कुछ आपको दे दूंगी। बस ! मुझ पर इतनी कृपा कर दो। मुझे अधिक नहीं सिर्फ दो दिन का जीवन ओर चाहिए।"

"मैं भगवान् नहीं हूँ मैडम ! मेरे हाथ में कुछ भी नहीं है, अब जो भी है भगवान के ही हाथ में है। अब आपको जो भी विनती करनी है, उस परमपिता परमेश्वर से ही कीजिए।" डॉक्टर ने अपनी विवशता प्रकट कर दी।

यह सुनकर मानों वह महिला विक्षिप्त सी हो गई। उसने अपने साथ लाया हुआ ब्रीफ़केस उठाया और हाल में आकर उसे खोल कर हवा में उछाल दिया और पागलों की भांति जोर जोर से चिल्लाने लगी, "ले लो यह दौलत ! किस को चाहिए, ले लो। मैंने

राज ऋषि शर्मा

क्या करना है इस दौलत का। जो मुझे 'दो दिन' का जीवन काल भी नहीं दे सकती। उस दौलत का मुझे क्या करना है। मुझे कुछ भी नहीं करना है इस दौलत का। क्या मैं आयु पर्यंत इसी धन दौलत के पीछे ही भागती रही। इसके लिए ही मैंने कभी दिन नहीं देखा कभी रात नहीं देखी। कभी पल भर के लिए आराम तक नहीं किया। क्या करूंगी मैं इस दौलत का। यह मेरे किसी भी काम की नहीं है।"

ऐसा क्यों अंतत: ऐसा क्यों हुआ ? ऐसा उस महिला पर क्या प्रभाव पड़ा कि जो उस पर आयुपर्यन्त नहीं पड़ा। आयुपर्यन्त वह धन दौलत को इक्ट्ठा करने के चक्कर में पड़ी रही और अंत में एक ऐसे सत्य से विदित होने पर जो सर्वदा सभी के सम्मुख उपस्थित रहता है, उसका आभास होने पर वह तत्क्षण ही विक्षिप्त सी हो गयी। इसका मूल कारण क्या हो सकता है ? क्या ऐसा किसी के साथ भी हो सकता है ? क्या यह एक प्रकार का रोग हो सकता है अथवा ऐसा किसी के साथ भी होना स्वाभाविक है ?

ऐसा किसी के साथ भी और कभी भी हो सकता है जब मनुष्य को ऐसा कुछ आभास होने लगता है जो कि आयु पर्यन्त उसे नहीं हो सका किन्तु विचारणीय तो यह है कि ऐसा अभाव मनुष्य को ऐसे ही समय पर क्यों होता है। यह शायद इसलिए कि बहुत कुछ मनुष्य जिसके प्रति उसका मस्तिष्क इससे पूर्व भी सोच सकता था पर नहीं सोच पाता। क्या ऐसी किसी भी सच्चाई का मनुष्य का

राज ऋषि शर्मा

अनुभव होने पर ही पता चलता है ?

ऐसा भी होता है। ऐसा भी होता है ही नहीं, बल्कि आमतौर पर ऐसा ही होता है। जब मनुष्य को मृत्यु का आभास होने लगता है तो उसके साथ ही उसे इस बात का भी आभास होने लगता है कि उसका अब तक का जीवन कैसा था। उसका अमूल्य जीवन जो कि एक प्रकार से ईश्वरीय अनुकम्पा थी, किस प्रकार से व्यतीत हुआ है।वास्तव में ही उसने अपने अब तक के सम्पूर्ण जीवन में क्या कुछ खोया या क्या पाया है !

अब तक के जीवन में उसने क्या अच्छा किया है अथवा क्या ऐसा किया है जो कि उसे नहीं करना चाहिए था। मनुष्य को इस समय जीवन की सबसे बड़ी सच्चाई का आभास होने लगता है। बहुत कुछ उस समय मनुष्य को स्मरण होने लगता है।

यूं कहा जा सकता है कि वो एक ऐसा समय होता है जब मनुष्य स्वयं ही अपने जीवन का अवलोकन करने लगता है।

यदि एक दृष्टि इतिहास पर डाली जाए तो बहुत से ऐसे वृत्तांत स्मरण होने लगेंगे जब उस में अभिनीत चरित्रों को उनका अपना अतीत चलचित्र की तस्वीरों की भांति अपनी दृष्टि के चित्रपट दृष्टिगोचर होने लगेगा। उस समय उन्हें किसी बात का पछतावा

हुआ हो अथवा ना हुआ हो, यह उनके व्यक्तिगत अनुभव, परिस्थितियों एवं वातावरण पर निर्भर करता है किन्तु इतना अवश्य ही है कि उस समय उन्हें अपने जीवन का सार समझने का अवसर अवश्य ही प्राप्त होता है। संभव होने पर उसे सही करने का भी अवसर प्राप्त हो सकता है। यह भिन्न बात है कि ऐसा सभी के साथ नहीं होता। मरने से पहले कुछ समय पूर्व ही सिकंदर को इस बात का आभास अथवा आत्मज्ञान हुआ था कि उसने आयु पर्यंत असंख्य लोगों का रक्त बहाया है। असंख्य घर, गांव, शहर, देश तबाह तथा बर्बाद किये हैं। लूटपाट की है। परिणामस्वरूप उसे क्या प्राप्त हुआ है ? आयु पर्यंत उसने इस प्रकार उत्पात करके क्या कमाया? मैं अपने साथ क्या ले जा रहा हूँ ? क्या ले जा सकता है ? कुछ भी तो नहीं ! यदि उसके साथ कुछ भी जाएगा तो वो है निर्दोष लोगों द्वारा दी गई गालियां ! उनकी आहें ! उनकी बद्दुआएं ! इसके अतिरिक्त कुछ भी तो नहीं। क्या यह सब प्राप्त करने के लिए ही वह आयु पर्यन्त चैन से नहीं बैठा और उत्पात करता रहा। यही था उसके जीवन का उद्देश्य ! यही था उसके जीवन का लक्ष्य !

काश ! इसी बात का एहसास उसे अपने जीवन में उस समय हो जाता जिस समय कि उसे इसकी आवश्यकता थी ! तो शायद सिकंदर का जीवन ही कुछ और होता। इतिहास ही कुछ और होता। जितना विध्वंस, हत्या अथवा लूटपाट सिकंदर ने अपने जीवन काल में किया, वो सब ना हुआ होता।

राज ऋषि शर्मा

यह आभास ! इस बात का पछतावा ! यह सब कुछ उसे प्राप्त हुआ मरने से पहले ! मरने से कुछ समय पूर्व ! कुछ क्षण ! कुछ घंटे अथवा कुछ दिन !

यही शायद मनुष्य के भाग्य की सबसे बड़ी विडंबना भी है। सब कुछ मालूम होने के पश्चात भी उसे कुछ भी स्मरण नहीं रहता। यहां तक कि अपने जीवन की सबसे बड़ी सच्चाई का, जीवन मृत्यु के सत्य का भी उसे भान नहीं हो पाता।

यह सत्य है कि किसी को भी इस बात का ज्ञान हो ही नहीं सकता कि उसके पास कितना जीवन काल शेष है किन्तु इस बात में भी इतनी ही सच्चाई है कि जितना भी जीवन काल उसके पास शेष है, यदि उसका भी उसे भान हो जाए तो भी मनुष्य में अपेक्षित परिवर्तन संभव हो सकते हैं। मनुष्य स्वयमेव ही अपने जीवन के सही उद्देश्य की तलाश तथा उसे पूर्ण करने में समर्पित हो सकता है।

मनुष्य के जीवन काल में उसके पास कितना समय है यह किसी को भी नहीं मालूम होता। वह निर्बाध गति से अपने कार्य करने में संलिप्त रहता है। अच्छे या बुरे ! अच्छे या बुरे इसलिए कि किसी भी कार्य की उस समय पर उसके लिए व्याख्या संभव नहीं होती। सामाजिक या मानवीय दृष्टिकोण से उसका कुछ भी हो

राज ऋषि शर्मा

मूल्यांकन हो सकता है।

फिर यदि ऐसा सम्भव हो भी जाए, मनुष्य को अपने आयु काल के विषय में ज्ञात भी हो जाए कि उसके पास कितना जीवन काल है, इसमें उसे क्या क्या करना है, तो फिर क्या इससे उस के जीवन यापन में कुछ भिन्नता हो सकती है ? शायद हाँ ! शायद नहीं !

शायद नहीं इसलिए कि यह तो हर किसी को मालूम होता है कि एक ना एक दिन उसकी मौत निश्चित है। मौत तो अटल है। अवश्यम्भावी है। फिर भी अपने किसी भी कार्य की परवाह किये बिना कि यह अच्छा है या बुरा वह उस कार्य को करता ही चला जाता है।

शायद हाँ, इसलिए कि जब भी किसी को मालूम हो जाता है कि उसका जीवन अब कुछ ही घंटे या कुछ ही दिन का है तो उसके मन में जाने अनजाने इस बात का अवलोकन आरम्भ हो जाता है कि उसने अब तक के जीवन काल में क्या अच्छा या बुरा किया है। तभी उसे अपनी परम्परागत किंवदंतियों की वजह से इस बात का भी आभास होने लगता है कि मरने के पश्चात उसके साथ कुछ भी अच्छा नहीं होने वाला है। उसे अच्छा जीवन नहीं मिलने वाला है। तब ऐसे समय में उसका रुझान निश्चित रूप से अच्छा ही कार्य करने की ओर प्रवृत्त होने लगता है लेकिन तब यह सब करना उसके

राज ऋषि शर्मा

लिए संभव नहीं होता। यही कारण है कि सदैव ही ईश्वर तथा मृत्यु को स्मरण रखने के लिए ही कहा जाता है।

राज ऋषि शर्मा

संकेत

(1)　　जन्म　　प्रबोधन समय　　　　　　मृत्यु
समय !--!--------------------! समय

(2)　　जन्म　　　　प्रबोधन समय　　　मृत्यु
समय !---------!------------! समय

(3)　　जन्म　　　　　　प्रबोधन समय　मृत्यु
समय !----------------!------! समय

(4)　　जन्म　　　　　　　　प्रबोधन समय　मृत्यु
समय !---------------------!-! समय

(1) जन्म समय-------जन्म का समय
(2) प्रबोधन समय-----ज्ञानोदय का समय
　　　　　(Enlightenment time)
(3) मृत्यु समय------मृत्यु का समय

राज ऋषि शर्मा

(२)

जब भी मनुष्य को सही समझ आ जाती है। जब भी इसे अपने जीवन का एक उद्देश्य मिल जाता है और इसे जीने का सही मार्गदर्शन प्राप्त हो जाता है, तब से लेकर उसकी मृत्यु तक का समय ही वह समय होता है, जो उसके लिए सर्वाधिक महत्वपूर्ण तथा मूल्यवान होता है है। वास्तव में यही वह समय होता है जिसका कोई महत्व होता है, 'अर्थ' होता है। जिसे 'मरने से पहले' का समय कहा जा सकता है।

जब तक मनुष्य को सही या गलत की समझ ही नहीं होती तब तक जो भी समय व्यतीत होता है उसका कोई सार नहीं होता। वो ठीक ऐसा ही समय होता है जैसा कि किसी भी परीक्षा की तैयारी के लिए अत्यंत आवश्यक होने पर भी व्यर्थ गंवा दिया जाता है। उस समय का बुद्धिमतापूर्ण उपयोग होने पर इससे लाभान्वित हुआ जा सकता था किन्तु उसका ऐसा नहीं होने पर एवं इसका महत्व नहीं समझ पाने के कारण यथा समय पर इससे अपेक्षित लाभ नहीं प्राप्त किया जा सका।

राज ऋषि शर्मा

अब तक के जीवन में जो हो चुका सो तो हो ही चुका। उसे तो कभी भी वापस नहीं लाया जा सकता है किन्तु आगे के जीवन में तो ऐसा किया ही जा सकता है, जिससे कि शेष जीवन उद्देश्य पूर्ण बनाया जा सके। जिससे जीवन के अंत समय में किसी प्रकार का कोई पछतावा शेष न रह जाए।

पुस्तक के पूर्व अध्याय में एक घटना का वर्णन किया गया है। जब एक महिला के जीवन का चौबीस घंटे का ही समय शेष रह गया है। सिर्फ चौबीस घण्टे का समय और वो भी धीरे धीरे कम होता जा रहा है। यह ऐसा ही समय है, जिसका एक एक क्षण अति महत्वपूर्ण है। जिसका सदुपयोग किया जा सकता है। जिस में वैसा ही अपना मनचाहा किया जा सकता है जो आपके लिए बहुत ही महत्वपूर्ण है तथा जिसके पूर्ण न होने पर जीवन के अंत समय में किसी प्रकार का पछतावा नहीं रह जाता है।

यह समय उसके लिए अत्यंत महत्व का हो सकता था यदि यह उसके सोचे हुए कार्य की पूर्ति के लिए काफी होता। उसे यदि दो दिन के कुछ ओर समय के लिए गिड़गिड़ाना नहीं पड़ता तो शायद वो अपने पास के धन दौलत का त्याग करने की भी नहीं सोचती। उसे वो समय इतना मूल्यवान प्रतीत नहीं होता जितना कि इस समय अपनी मृत्यु को अत्याधिक समीप देख कर हो रहा था।

राज ऋषि शर्मा

कमल बोस (परिवर्तित नाम) एक बहुत प्रसिद्ध ऐतिहासिक लेखक रहे हैं। जब वह मृत्यु शैया पर थे। तो उन्होंने बताया कि वह एक बहुत ही विशिष्ट कृति की रचना कर रहे थे किन्तु विधाता ने उन्हें उसे पूर्ण करने के लिए थोड़ा सा समय भी नहीं दिया। वो तो चलो ठीक है, विधाता ने जितना भी जीवन उन्हें दिया हुआ था, उसके पूर्ण होने पर वापस जाना ही था किन्तु उनके मन में यह विचार आना भी स्वाभाविक ही है कि यदि किसी समय पर मैंने अपना बहुमूल्य समय नष्ट न किया होता और अपनी इस बहुमूल्य कृति की रचना में ही उसे लगाया होता तो आज वो महत्वपूर्ण रचना मैं समाज के, देश के सम्मुख अर्पित कर सकता था। जो मैं आज सोच रहा हूँ, वैसा ही मैंने कुछ समय पूर्व भी सोच लिया होता तो कम से कम मेरा यह महत्वपूर्ण कार्य अपूर्ण तो ना रह जाता।

अब कौन सा कार्य कब पूर्ण होना है यह तो भिन्न बात है, किन्तु कौन सा कार्य किस कारण से पूर्ण नहीं हो सका, यह विशेष बात है। उसका अपना एक भिन्न ही महत्व है। कभी कभी समय बीत जाने पर इसका एहसास अवश्य ही होता है। यदि ऐसा होता तो वैसा नहीं होता। यदि वैसा होता तो ऐसा नहीं होता किन्तु ऐसी बातों का महत्व समय की एक विशेष सीमा में ही निहित है। उस निश्चित समय अवधि के बाहर उसका कोई भी महत्व शेष नहीं रहता। जब किसी भी परिवर्तन के लिए समय ही शेष नहीं रहता तदोपरांत ऐसी सोच अथवा भावना का कोई भी महत्व नहीं रहता।

राज ऋषि शर्मा

यह समय कितना महत्वपूर्ण या मूल्यवान है, किसी भी मनुष्य को सहज ही उस समय इसका भान हो सकता है या अवश्य ही हुआ भी होगा, जिसे उस समय विशेष पर अपने जीवन की कोई भी आशा शेष ना रही होगी। किंतु अब ऐसी सोच अथवा पछतावे का कोई भी लाभ नहीं हो सकता। अब बस ! मन मसोस कर रह जाने अथवा उसके सहारे ही साँसों की डोर को छोड़ देने के अतिरिक्त कुछ भी शेष नहीं रहता।

ठीक ऐसे ही समय में मनुष्य को जो अनुभव तथा आभास होता है, यह भी संभव है कि यह कुछ समय पूर्व में ही हो जाए। ऐसा होता भी है। बड़े बड़े महान विचारक अथवा ऋषि मुनि अपने चिंतन या मनन से उस ज्ञान को प्राप्त कर लेते हैं, उस स्थिति में पहुँच जाते हैं जब उन्हें उन सभी बातों का ज्ञान प्राप्त हो जाता है, जो किसी को भी सहज में नहीं प्राप्त हो सकता।

यह ज्ञान अथवा इसकी अनुभूति ऐसी ही है जिसे प्राप्त करने के लिए मनुष्य अपने संपूर्ण जीवन का उत्सर्ग करने से भी कभी पीछे नहीं हटता। एकांत स्थानों में बैठ कर यथासंभव अपने चिंतन अथवा ध्यान से इसे प्राप्त करने का प्रयास करता है एवं सफल भी होता है।

सर्वप्रथम इसके लिए आवश्यकता होती है समय के प्रति पर्याप्त सोच समझ की। इसके महत्व की। इसकी उपयोगिता की।

राज ऋषि शर्मा

ऐसे समय को दो भागों में परिभाषित करते हुए इस प्रकार से समझा जा सकता है। एक 'जीने के बाद' का समय अर्थात प्रथम भाग और दूसरा 'मरने से पहले' का समय अर्थात दूसरा भाग। जीवन का प्रथम भाग जो मनुष्य के जन्म लेने से ही आरम्भ होता है और तब तक उसके साथ चलता है जब तक कि उसमें पर्याप्त समझ नहीं आती। इसे मनुष्य अधिकांश अपनी नासमझी अथवा नादानी में व्यर्थ ही गंवा देता है, जिसका उसे जब आभास होता है तब तक बहुत देर हो चुकी होती है। उसके पश्चात मनुष्य की प्रविष्टी होती है दूसरे भाग में। जिसे 'मरने से पहले का समय' के रूप में भी समझा जा सकता है। यह आरम्भ होता है तब जब 'जीने के बाद' का समय समाप्त हो जाता है और यह तब तक चलता है जब तक कि मनुष्य अपने जीवन के अंत की चरमावस्था तक नहीं पहुंच जाता।

यही भाग वास्तव में मनुष्य के जीवन में उसके लिए सर्वाधिक महत्त्व का होता है। इससे ही मनुष्य के जीवन की सम्पूर्णता अथवा उसके अंत समय की विश्रांति का निर्धारण होता है। जिसके लिए समय से पूर्व ही सचेत हो जाना श्रेयस्कर होता है।

यह समय सभी के लिए सहज ही इसकी समझ एवं उसकी प्राप्ति का नहीं होता। यह संबोधि (Enlightenment) के प्राप्त होने के पश्चात का 'समय' होता है। जब किसी को सद्बुद्धि की प्राप्ति होती है। जब उसे अद्वितीय ज्ञान की प्राप्ति होती है। संक्षेप में कहा

राज ऋषि शर्मा

जाए तो यह वो समय भी हो सकता है जब किसी ध्यानस्थ योगी पुरुष का तीसरा चक्षु खुल जाता है। इस चरमोत्कर्ष अवस्था से लेकर जीवन की उस अंतिम अवस्था तक जब उसके प्राण मुक्त होने को ही होते हैं।

इसकी प्राप्ति के पश्चात शायद जीवन में फिर कुछ भी पाने के लिए शेष नहीं रह जाता। कुछ भी पाने की अभिलाषा भी नहीं शेष रह जाती। पूर्ण आत्मसंतुष्ट की प्राप्ति हो जाती है।

हालांकि यह विषय संबोधि (Enlightenment) की प्राप्ति का नहीं है, ना ही आत्मसंतुष्टि विषय पर विवेचना का किन्तु जिस 'समय' की यहां पर बात की जा रही है, उस से सम्बंधित अवश्य ही है।

हमारा विषय इसी 'समय' से सम्बन्धित है। जब मनुष्य को ज्ञान की प्राप्ति हो। जब उसे पूर्णरुपेण सही गलत का आभास हो। जब से अपने जीवन की सार्थकता का एवं उसमें निहित उद्देश्य का भान हो। उस 'समय' से लेकर अपने 'अंतिम समय' के चरम बिंदु तक के समय की समझ का होना ही यह 'विशेष समय' है !

इस 'विशेष समय के विषय में ऐसे अनेक उदाहरण हो सकते हैं जब सहसा ही किसी घटना या दुर्घटना से साक्षात होने पर किसी

राज ऋषि शर्मा

का जीवन उसकी विचारधारा तुरंत ही परिवर्तित हो जाती है।

इस आभास से लेकर अपने अंत तक का समय। इस समय के आरम्भ से लेकर इस समय के अंत तक कभी भी मनुष्य को इस बात का आभास नहीं होता कि उस के जीवन काल का कुछ भी समय व्यर्थ जा रहा है। उसे अपने जीवन के हर पल का अनुभव होता है। जीवन के हर पल की अनुभूति होती है। हर पल ऐसा लगता है कि कुछ ना कुछ सार्थक किया जा रहा है। उसके जीवन का कोई ना कोई उद्देश्य अवश्य ही है, जो समय अनुसार पूर्ण हो रहा है। उसके जीवन में कुछ भी अधूरा नहीं है, जो भी है, पूर्णता की ओर है। उसे अपने जीवन के हर पल में एक प्रकार की आत्म संतुष्टि का आभास होता है।

यही तो मनुष्य के लिए उसके जीवन का सब कुछ है। जो वह अपने जीवन में चाहते हुए भी जाने अनजाने में प्राप्त नहीं कर सकता। जिसका आभास उसके जीवन में उस समय पर होता है, वह बहुत कुछ करना चाहते हुए भी कुछ नहीं कर सकता। कुछ भी करना उसके लिए संभव ही नहीं होता। शेष रह जाता है तो केवल एक एक आभास, एक गहन सोच अथवा विचारधारा !

क्यों मैंने उसे रुष्ट कर दिया, जबकि उसका इसमें इतना दोष भी नहीं था ? क्यों नहीं मैंने उसे आगे बढ़ कर मना लिया, इससे

राज ऋषि शर्मा

मेरा बिगड़ भी क्या जाता ?

दो मित्र थे। किसी छोटी सी बात पर रुष्ट हो जाते हैं। उनमें से एक जब मृत्यु के समीप था और उसे इस बात का आभास हो गया था कि अब वह इस नश्वर संसार को छोड़ कर जाने वाला है, तो उस समय यदि वह इस बात को सोचता भी है कि उसे अपने मित्र से बात कर ही लेनी चाहिए थी।

यदि कुछ समय के लिए इस बात की कल्पना कर ली जाए कि वह अपने मित्र को बुला ही लेता है और पूर्व मित्र उस के बुलाने पर उस से मिलने आ भी जाता है, तो इस बात की भी कल्पना की जा सकती है कि दोनों के आमने सामने होने पर दोनों के ही चेहरे के भाव कैसे होंगे ! उस मित्र को कैसा महसूस होगा जो अपने ही अहम् में था और दूसरे मित्र ने उसके प्रति अपने लगाव को ही सर्वाधिक महत्व दिया है तथा दूसरा मित्र जो अपनी अंतिम यात्रा के लिए प्रस्थान करने वाला हो, उसके चेहरे के भाव कैसे होंगे तथा उन दोनों की ही अंतरात्मा को किस प्रकार की आत्मिक शान्ति का अनुभव हो सकता है।

फिर यही सोच यदि उसमें कुछ समय पूर्व जागृत हो जाती तो परिणाम कितना भिन्न हो सकता था। उनका पूर्व का समय जिसमें वो इस आत्मिक शांति से वंचित रहे, इस सब से वंचित नहीं रहते।

राज ऋषि शर्मा

किसी भी प्रकार का कष्ट या ग्लानि उन्हें जीवन के अंतिम समय पर ना होती।

इससे पूर्व के उद्देश्यहीन जीवन के विषय में तो यह कहा जा सकता है कि 'जिया भी तो क्या जिया'। इतना अमूल्य जीवन जो एक प्रकार की तंद्रा में ही यापन किया जा रहा हो उसे निरर्थक ही तो कहा जा सकता है। जिसके लिए जीवन के अंत में एक प्रकार की ग्लानि ही शेष रह जाए कि जीवन ऐसे नहीं वैसे व्यतीत किया जाना चाहिए था तो फिर ऐसे समय के प्रति एक गहन सोच व समीक्षा की आवश्यकता है।

कोई बड़ी बात तो नही है किन्तु उस समय उसके पास कोई समय या अवसर शेष नहीं होता। वो समय जब उसे इस बात का आभास होता है कि उसे अपने सम्बन्ध सुधार लेने चाहिए थे और यह उसके अंतिम समय के चरम बिंदु तक का समय ही सर्वाधिक महत्वपूर्ण तथा मूल्यवान है।

राज ऋषि शर्मा

(३)

मरने से पहले ! यह वह समय है, यह वह समय काल है, जिसकी बात इस विषय के अंतर्गत की जा रही है। जिस समय मनुष्य अपने शरीर को छोड़ कर इस दुनिया से प्रस्थान करने वाला होता है। मृत्यु के अंतिम चरम बिंदु पर होता है। जब मनुष्य को इस बात का आभास होने लगता है कि उसने अपने अमूल्य जीवन काल में बहुत कुछ ऐसा नहीं किया जो कि उसके द्वारा किया जा सकता था किन्तु उसने ऐसा नहीं किया। उसने इस विषय पर ध्यान ही नहीं दिया।

काश ! मैंने अपने माता पिता की सभी बातों को मान लिया होता। उनकी किसी भी बात की अवहेलना नहीं की होती। उनका अत्यधिक आदर सत्कार किया होता। उनकी सेवा की होती। अपने भाई बहनों के साथ सदैव अच्छे ही सम्बन्ध बनाये रखे होते। काश ! मैंने अपने जीवन में परिवार के सभी सदस्यों के साथ अच्छे से सम्बन्ध बनाये रखे होते। काश ! मैंने अपने जीवन में कभी भी कोई गलत काम ना किया होता।

राज ऋषि शर्मा

काश ! मैंने अपने परिवार को अधिक से अधिक समय दिया होता। अपना अधिकांश समय मैंने उनके साथ व्यतीत किया होता। मैंने अपने बच्चों के साथ तो समय व्यतीत ही नहीं किया।

मैंने अपने बच्चों को तो बड़े हुए भी नहीं देखा। ना जाने वो कब बड़े भी हो गए। कब जीवन बीत गया कुछ पता ही नहीं चला। मैंने अपने बच्चों को पढ़ने के लिए इतनी दूर क्यों भेज दिया? मैंने नौकरी के लिए इतनी दूर क्यों जाने दिया ? मैंने उन्हें अपने पास ही क्यों नहीं रखा ?

मैंने अपने जीवन में अत्यधिक समय अपने साथ सम्बन्धियों के साथ या अपने परिवार के साथ क्यों नहीं व्यतीत किया ? मैं अपने काम के सिलसिले में वर्षों अपने घर परिवार से दूर रहा। जैसा कि सैनिकों के जीवन में आमतौर पर होता है। मेरा वो समय अपने परिवार के ही सदस्यों के साथ व्यतीत हुआ होता तो कितना अच्छा होता। यह सब कुछ ऐसी बातें हैं, जिनके लिए मनुष्य आमतौर पर अपने जीवन के अंतिम समय में पछतावा करता है किन्तु जीवन में उसके लिए कुछ ऐसी विवशतायें होती हैं कि उसे बहुत कुछ ना चाहते हुए भी करना ही पड़ता है। वो अपनी इच्छानुसार जीवन कभी जी ही नहीं सकता।

अपने एक परिचित की तो मैंने इस बात पर भी पछतावा करते

राज ऋषि शर्मा

हुए देखा कि मैंने इस स्थान पर अपना मकान ना बना कर अपने पुश्तैनी स्थान पर ही बनाया होता तो बहुत अच्छा होता। मैंने अपने जीवन में यह एक बहुत बड़ी भूल कर दी। कई लोगों की तो ऐसे समय पर बहुत सी निरर्थक बातों पर भी पछतावा करते हुए देखा गया है। जिसका विशेषतया उस समय पर तो कोई भी औचित्य नहीं होता। समय हाथ से निकल गया होता है।

मैंने नौकरी कर के बहुत भूल की। यदि मैंने नौकरी के स्थान पर कोई व्यापार किया होता तो इससे अधिक सफल होता। जो कुछ आज मेरे पास है उससे दोगुना तीन गुना मेरे पास अधिक होता। मैंने यदि इस से शादी न करके उस से की होती। मैंने अपने बच्चों की इस प्रकार से परवरिश ना की होती। मैं कहीं विदेश में जाकर बस गया होता। अब ऐसी बातों को सोचने अथवा उनके लिए पछतावा करने से भला कोई लाभ हो सकता है ?

कई लोग तो कुछ ऐसा भी सोचते हैं जैसा कि कुछ दिन पूर्व मेरी भेंट अपने एक पूर्व परिचित से हुई तो वह कहने लगे, 'मैंने तो बैंक में नौकरी करके अपना जीवन ही व्यर्थ गंवा दिया। अच्छी भली मेरी नौकरी एग्रीकल्चर विभाग में लगी हुई थी और मैं उसे छोड़ कर बैंक में आ गया। यदि एग्रीकल्चर विभाग में ही होता तो इस समय तक कहीं का कहीं पहुँच गया होता।' इसके विपरीत ही एक महाशय कहते हैं कि अच्छा होता यदि मैं अध्यापक न बन कर कहीं

राज ऋषि शर्मा

बैंक से विभाग में कार्यरत होता। मेरी भी ज़िंदगी बन गयी होती। अध्यापक बन कर तो मैंने अपना जीवन ही व्यर्थ कर दिया।

एक महाशय का तो यह भी कहना था कि उनकी शिक्षा विभाग में कार्य करने की बहुत इच्छा थी किन्तु दुर्भाग्यवश उन्हें बैंक की नौकरी करनी पड़ रही है। कभी कभी ऐसी अनुपयुक्त नियुक्ति भी मनुष्य के लिए जीवन में आयु भर का पछतावा बन कर रह जाती है, जिससे कि उसके जीवन में अपना मनचाहा कार्य करने का अवसर न प्राप्त हो पाया हो।

काश ! मैंने अपने जीवन में खूब परिश्रम किया होता। मैं भी आज परिश्रम करके एक अच्छा खिलाड़ी बन गया होता। मैं भी 'धोनी' 'कपिल देव' 'सचिन तेंदुलकर' या 'विराट कोहली' बन सकता था। मैं यदि परिश्रम करता तो मैं भी टीवी की स्क्रीन या सिनेमा के पर्दें का एक बड़ा सितारा बन सकता था। मैं भी एक सुप्रसिद्ध तथा महान व्यक्ति बन सकता था। मैं भी किसी बहुत ऊँचे पद पर शोभायमान हो सकता था। मुझे ऐसा करना चाहिए था। मैंने ऐसा क्यों नहीं किया। काश !

काश ! ऐसा हुआ होता। काश ! मेरे जीवन में ऐसा नहीं हुआ होता। काश एक ऐसा शब्द है, जिसमें जीवन भर का दर्द तथा पीढ़ा छुपी हुई होती है, जिसे केवल वही मनुष्य अनुभव कर सकता है

राज ऋषि शर्मा

जिसने जीवन के किसी पल में ऐसी आह भरी हो। यह शब्द भावना यदि समय रहते व्यक्त की गई होती अथवा उस समय ही अपनी इच्छा अनुसार कार्य किया होता तो 'काश शब्द उसके मनोमस्तिष्क में शायद कभी भी उभर कर नहीं आया होता।

काश ! मैंने उस से स्पष्ट बोल दिया होता कि मैं उस से प्यार करता हूँ। काश उसके हृदय में जो भी भ्रम था, उसे दूर करने के लिए मैंने ऐसा भी प्रयास किया होता, वैसा भी किया होता। यह मनुष्य के लिए कुछ इस प्रकार की प्रवंचना होती है,उलझन होती है, जिसका ना ही तो कोई समाधान होता है तथा न ही इससे मुक्ति प्राप्त होती है।

मेरी अपने एक मित्र से रुष्टता छोटी सी बात के कारण ही थी। क्या होता यदि मैंने ही अपने मध्य की उस भूल को मान लिया होता। यह भूल चाहे किसी की भी थी, यदि मैं ही उसे स्वीकार कर लेता तो हमारे इतने अच्छे प्यारे सम्बन्ध तो ना प्रभावित होते। मेरा प्यारा मित्र या मेरा सम्बन्धी तो इस समय मेरे पास, मेरे साथ होता। हमारे अच्छे सम्बन्ध तो इस समय तक जीवित होते।

अपने माता पिता या अमुक सम्बन्धी से मैंने इस प्रकार का व्यवहार न किया होता। मैंने जीवन में अमुक व्यक्ति से इस प्रकार का व्यवहार न किया होता। मैंने ऐसा ना किया होता। यदि ऐसा ना

राज ऋषि शर्मा

हुआ होता। यह कुछ इस प्रकार का एहसास है जो मनुष्य के मन मस्तिष्क को तो शुद्ध कर ही देता है किन्तु उसके लिए उम्र भर का पछतावा बन कर रह जाता है, जो पल पल उसे कचोटता रहता है, उसके जीवन के अंतिम समय तक।

किन्तु अफ़सोस ! ऐसी मानसिक प्रताड़ना अथवा पछतावा मनुष्य को उस समय भोगने को मिलता है, ऐसे समय पर इस प्रकार का पछतावा होता है, जब उसके हाथ में कुछ भी नहीं होता। जब उसका शरीर अथवा उसके अंग उसका साथ छोड़ रहे होते हैं या छोड़ चुके होते हैं। जब वो मृत्यु के समीप होता है तथा अपने जीवन की अंतिम सांसे गिन रहा होता है। वह हर प्रकार से निशक्त हो चुका होता है।

सबसे बड़ी और विचित्र बात तो यह है कि ऐसी बहुत सी भूल जिनका मनुष्य को अपने जीवन की अंतिम अवस्था में बोध अथवा पछतावा होता है, उसके मूल में मनुष्य का अपने ही मन का भय होता है, जो उसे अपने साथ सम्बन्धियों या समाज के प्रति होता है। लोग बहुत से काम अथवा अपनी इच्छाओं की पूर्ति इसलिए नहीं कर पाते कि इससे कोई क्या सोचेगा। कोई क्या कहेगा। घर परिवार के या उसके आस पड़ोस के लोग उसके प्रति क्या सोचेंगे अथवा क्या क्या कहेंगे ? समाज क्या कहेगा ? इसी प्रकार से वो अपनी बहुत सी इच्छाओं को अपने दिल के भीतर ही दबा कर

राज ऋषि शर्मा

उनका दमन कर देते हैं और उन्हें प्रकट ही नहीं होने देते। अपनी ऐसी सोच अथवा इस भूल के लिए सदैव वो दूसरों पर ही दोषारोपण करते रहते हैं। इसी भय के कारण ही जो काम पूर्ण नहीं किये जा सकते हैं, वो ही ऐसे समय में अफ़सोस का या पछतावे का कारण बनते हैं।

ऐसा कभी भी मत सोचना चाहिए कि यदि मैंने यह कार्य किया तो दूसरे लोग क्या कहेंगे। यदि नहीं किया तो लोग क्या कहेंगे। यदि आप सही हैं तो आप सही हैं। अपनी अंतरात्मा की दृष्टि में आप का किया जा रहा प्रत्येक कार्य न्यायोचित होना चाहिए। कभी भी दूसरों की परवाह नहीं करनी चाहिए। उनका काम तो है ही दूसरों की किसी भी बात पर हंसना और उनको हतोत्साहित करना। वो आप की सही बात पर भी हँसेंगे और आपकी गलत बात पर भी हँसेंगे। दूसरों की प्रसन्नता से या उनकी सफलता से प्रसन्न होने वाले लोग दुनिया में बहुत ही कम होते हैं।

मैंने ऐसा इसलिए किया कि यदि ऐसा नहीं करता तो मेरा अमुक मित्र सम्बन्धी अथवा माता पिता मुझ से रुष्ट हो जाते। मैंने जो कुछ भी किया उनकी प्रसन्नता के लिए किया अथवा उनकी इच्छा की पूर्ति के लिए किया। अपनी किसी भी बात को बलपूर्वक न्यायोचित मान लेने का प्रयास करना सही नहीं माना जा सकता। ऐसा करना कभी भी आपके लिए मानसिक प्रताड़ना का कारण ही

राज ऋषि शर्मा

बन सकता है।

दुनिया में आमतौर पर आपकी उन्नति पर हंसा ही जाता है। ईर्ष्या ही की जाती है। बातें ही की जाती हैं। आत्मिक संतुष्टि के लिए दूसरे के किसी भी कार्य की आलोचना ही की जाती है। यह मनुष्य की प्रवृत्ति अनुसार स्वाभाविक ही है। इसमें किसी भी प्रकार का कोई आश्चर्य नहीं। यदि प्रशंसा भी की जाती है तो वो भी सामयिक विवशता के कारण ही की जाती है। अपने दिल से नहीं। इसलिए दूसरों को प्रसन्न अथवा संतुष्ट करने के चक्कर में कभी भी नहीं पड़ना चाहिए। ऐसा कभी भी मत सोचना कि मेरे किस कारण से कोई भी प्रसन्न अथवा अप्रसन्न हो सकता है। सदैव ऐसा ही कार्य करने का प्रयत्न करें जो आपकी अंतरात्मा के अनुसार न्यायोचित है तथा आपको मानसिक शांति प्रदान करने वाला हो। सदैव अपने मन की अंतर ध्वनि को ही प्राथमिकता देनी चाहिए तथा इससे पूर्व में की हुई भूलों से सीखने का प्रयास करना चाहिए।

कई बार कुछ आदर्श प्रकृति के मनुष्य पर अपने सिद्धांतों को निभाने तथा अपने प्रियजनों को प्रसन्न करने के प्रयास में भी निरंतर ऐसा करते चले जाते हैं जिनसे उनके अपने अहम् की तो संतुष्टि होती है किन्तु इसके लिए वो इस प्रकार से प्रभावित हो जाते हैं कि जिसका पछतावा उनके जीवन के अंत काल में उन के सामने उभर कर आ जाता है। विशेषतया उस समय जब उनके किसी निर्णय से

राज ऋषि शर्मा

कुछ निरपराध भी प्रभावित हुए हैं।

काश ! मैं उस समय इतना भावुक ना हुआ होता। काश ! उस समय मैंने किसी की भी कोई बात बात नहीं सुनी होती। मैंने किसी की भी परवाह न करके अपनी ही इच्छाओं की पूर्ति की ओर ध्यान दिया होता। अपने ही देखे हुए सपनों को पूर्ण करने का भरसक प्रयास होता। इस प्रकार मैंने अपने जीवन को तबाह ना किया होता।

सबसे बड़ी दुर्भाग्य की बात तो यह है कि यह 'काश' शब्द बहुतया मनुष्य के मनोमस्तिष्क में तब उभरता है जब उसके पास किसी भी प्रकार के सुधार का कोई अवसर ही नहीं होता। जब उसका जीवन थोड़े ही समय के लिए शेष होता है। कुछ क्षण से लेकर कुछ घंटों तक या फिर कुछ दिन तक का।

किसी के लिए यह समय पर्याप्त समय अवधि का समय, कुछ सप्ताह का भी हो सकता है किन्तु उस समय चाहे जितना भी समय उसके पास शेष हो, सदैव उसके लिए अपर्याप्त ही होता है। उस समय उसके हाथ में कुछ भी शेष नहीं बचा होता। तब चाह कर भी वह अपने लिए कुछ भी नहीं कर पाता। वह पूर्णतया विवश होकर सामर्थ्य हीन सा ही होता है। यह मनुष्य के जीवन की एक बहुत बड़ी विडंबना है।

राज ऋषि शर्मा

कई बार तो समय ही बहुत कम होता है किन्तु कई बार पर्याप्त समय होने पर भी मनुष्य असहाय हो गया होता है। उस समय वह रुग्णावस्था में होता है। उसके हाथ पांव ही नहीं चल रहे होते। वो पूर्णतया लाचार अथवा बेबस हो गया होता है। तब उसके पास यह 'काश' उभर कर सामने आता है। 'काश' ! मैं इतना बेबस अथवा इतना लाचार ना हुआ होता। काश ! मैं ऐसा कर पाता।

किसी भी गलत कार्य को किया होने के प्रति तो सोचा जा सकता है, किसी भी अच्छे कार्य का ना किया होना के विषय में भी तो सोचा जा सकता है किन्तु सोच समझ कर की हुई भूल के प्रति सोचना किसी भी दृष्टि में उचित नहीं हो सकता। अपने जीवन के संध्याकाल में ऐस बातों पर पछतावा या उनके प्रति सोचना कदापि किसी भी दृष्टि से बुद्धिमतापूर्ण नहीं हो सकता। उस समय ऐसी बातों पर सोचने का किसी भी प्रकार से कोई औचित्य ही नहीं होता।

ब्रॉनी वेयर एक ऑस्ट्रेलियाई लेखक, गीतकार और प्रेरक वक्ता थी। वह एक नर्स भी थी। ब्रॉनी वेयर का जन्म १५ फरवरी १९६७ को सिडनी, ऑस्ट्रेलिया में हुआ था। अपने जीवन के कार्यकाल में वह उस विभाग में काम करती थीं, जहां रोगी को तब लाया जाता है जब वह अपनी मृत्यु के बहुत समीप होता है या यह भी कहा कहा जा सकता है कि जब उसकी अंतिम सांसें पूर्ण होने को ही होती हैं।

राज ऋषि शर्मा

वहाँ ब्रॉनी वेयर को ऐसे मरीजों के सानिध्य में रहने से कुछ ऐसे, अनुभव हुए जिन्हें उन्होंने अपनी विश्व प्रसिद्ध पुस्तक 'मरने वालों के पांच पछतावे' (Five regrets of the dying people) में विस्तारपूर्वक लिखा है। वह लिखती हैं कि मनुष्य का जीवन काल कब समाप्त होने का समय आ जाता है, इसका उसे पता ही नहीं चलता और फिर उसके पास सिवाय पछतावे के कुछ भी नहीं रहता।

ब्रेन वेयर ने अपने कार्यकाल में बहुत से मृत्यु शैया पर पड़े हुए लोगों की इस बात को अनुभव किया। उन्होंने उनकी बातें सुनी तथा उनके साक्षात्कार भी लिए तथा इस निष्कर्ष पर पहुंचीं कि इस समय मनुष्य को इस बात का एहसास तथा सर्वाधिक पछतावा होता है कि उसने अपने जीवन में जाने अनजाने में कितना कुछ खो दिया है, जिसकी पूर्ति अब शायद कभी भी नहीं हो सकती। जो समय रहते यदि वो चाहता तो संभल सकता था और इससे बच सकता था।।

बहुत से मृत्यु शैया पर पड़े हुए व्यक्तियों ने अपनी बातों से ऐसी बातों पर ही अफ़सोस जताया जोकि उनके जीवन में अधूरी रह गईं इच्छाओं से सम्बंधित थीं। उन्होंने अपने जीवन के कार्यकाल में हुई किसी भी भूल पर पश्चाताप करने की अपेक्षा अपनी अतृप्त इच्छाओं को अधिक महत्व देना उचित समझा। काश ! उन्होंने अपने परिवार

राज ऋषि शर्मा

के साथ अधिक से अधिक समय बिताया होता। काश ! उन्हें अपने परिवार के साथ साथ अपने साथ सम्बन्धियों के साथ अधिक से अधिक समय बिताने का अवसर मिल पाता अर्थात उनकी आयु कुछ अधिक लंबी होती।

यह उनके जीवन की कुछ ऐसी ही आकांक्षाएं थीं जो कभी भी पूर्ण न हो सकीं। 'काश' कि यह पूर्ण हो गयी होती तो उनका जीवन भी सफल होता। उनका जीवन कुछ और ही होता। उसके जीवन में किसी भी प्रकार का अधूरापन शेष नहीं रहता।

यह एक सार्वभौमिक सत्य है कि हर एक के पास एक निश्चित समयावधि के लिए ही उसका जीवन काल होता है। उसका ही उसे अपनी इच्छा तथा समझ के अनुसार उपभोग करना है। उस अवधि में ही उसे अपना सम्पूर्ण जीवन यापन करते हुए श्रेष्ठ तथा यथोचित कार्य करना है। अब यह तो आप पर ही निर्भर करता है कि इतना सब कुछ ज्ञात होने पर भी आप इस कार्य काल को अच्छे कार्य करते हुए व्यतीत करते हैं या बुरे कार्य करते हुए व्यतीत करते हैं, जिससे कि अपने जीवन की अंतिम अवस्था में आपको पछताना पड़े।

संत कबीर ने इस विषय में एक बहुत सुंदर दोहा कहा है,

राज ऋषि शर्मा

'रात गंवाई सोय कर, दिवस गवायो खाय,
हीरा जनम अनमोल था, कौड़ी बदले जाये।

जीवन हमारे लिए बहुत ही अनमोल है। एक प्रकार का ईश्वर का दिया हुआ वरदान है किन्तु हम अपनी नादानी में एवं अज्ञानता वश इसे व्यर्थ ही गंवा देते हैं। वास्तव में देखा जाए तो इसमें मनुष्य का भी कोई दोष नहीं होगा। जीवन का मायाजाल है ही कुछ ऐसा कि आयु-पर्यन्त मनुष्य को इस बात की चेतना ही नहीं आती। जब आती है तो तब तक बहुत देर हो चुकी होती है। उस समय मनुष्य के पास सिवाय पछतावे के कुछ भी शेष नहीं रहा होता लेकिन ऐसा ही सभी के साथ नहीं होता। सभी मनुष्य चेतनाशून्य नहीं होते। कुछ ही लोग जीवन के इस मायाजाल की तंद्रा में बेसुध हो कर इस बहुमूल्य समय को व्यर्थ गंवा देते हैं। बहुत से चैतन्य भी होते हैं। उन्हें जीवन में हर पल का महत्व एवं इसके मूल्य का आभास होता है। वो जीवन में समय का महत्व समझते हैं तथा इसका एक पल भी व्यर्थ नहीं जाने देते, बल्कि इस बहुमूल्य जीवन के हर पल का भली भांति से सदुपयोग ही करते हैं। ऐसे ही कर्मठ व्यक्ति अपने जीवन को सही ढंग से जीते हैं कि उन्हें अपने जीवन में किसी भी बात पर किसी भी प्रकार का कभी कोई पछतावा नहीं होता। उन्हें अपने जीवन में पूर्ण संतुष्टि होती है।

राज ऋषि शर्मा

इस बात को मेरी पूर्व प्रकाशित प्रेरणात्मक पुस्तक 'सफल जीवन' (Successful Life) में बहुत ही अच्छी प्रकार से स्पष्ट किया गया है कि जीवन में सफलता ही सब कुछ नहीं होती। इस बात को तब तक नहीं समझा जा सकता है जब तक कि आप एक सफल जीवन नहीं जी रहे होते हैं या आपको यह मालूम नहीं होता है कि वास्तव में ही एक सफल जीवन क्या है ! जीवन में सफलता तथा सफल जीवन ! इन दोनों के कथन में बहुत अंतर है। जीवन में सफलता को प्राप्त करना एक भिन्न बात है। इसे कड़े परिश्रम से प्राप्त किया जा सकता है किन्तु सफल जीवन को केवल अपनी सोच समझ तथा मनन से ही प्राप्त किया जा सकता है।

इस बात से एक बात तो पूर्णतया स्पष्ट होती ही है कि जो भी मनुष्य एक सफल जीवन जी रहा होता है अथवा उसे मालूम होता है कि सफल जीवन क्या होता है, उसके जीवन में फिर किसी भी बात के प्रति कोई पछतावा शेष नहीं रहता। उसकी कोई भी अभिलाषा शेष नहीं रहती। वह किसी भी प्रकार से कभी असंतुष्ट नहीं होता। उसे सम्पूर्ण संतुष्टि की प्राप्त होती है।

ऐसे व्यक्ति ईश्वर द्वारा ही प्रेरित हो सकते हैं। उनके भीतर ही इतनी समझ होती है। सदैव ही उन्हें सही एवं गलत का ज्ञान रहता है। उन्हें इस बात का भी आभास होता है कि किस प्रकार की इच्छाओं से आसक्ति हो सकती है। जीवन में उनका लक्ष्य क्या है

राज ऋषि शर्मा

अथवा किस पथ पर चलना ही उनके लिए श्रेयस्कर हो सकता है। क्या उनके जीवन में उनका का उद्देश्य होना चाहिए।

राज ऋषि शर्मा

मृत्यु का विषय ही ऐसा है कि जब भी इस विषय में बात की जाती है तो बहुत से लोगों पर एक प्रकार का भय सा व्याप्त हो जाता है। यह शायद इस कारण से है कि मृत्यु को हमारी पुरानी मान्यताओं के अनुसार एवं अपनी कल्पना से कुछ अधिक ही भयावह मान लिया गया है। इतना भयावह कि इसके नाम अथवा इसकी कल्पना से ही मनुष्य काँप सा जाता है।

यह शायद इसलिए है कि मनुष्य इस बात को कभी भी स्वीकार करने को तैयार हो ही नहीं हो सकता कि मृत्यु भी एक प्रकार की गहन निद्रा के समान ही एक ऐसी चिरनिद्रा है, जिसके पश्चात सुबह उठने पर फिर उसे वो सब कुछ देखने सुनने को अथवा अनुभव करने को नहीं मिलेगा जो अब तक वह करता आया है। सुबह उठने पर उसे जो पक्षियों का कलरव तथा नित्य प्रतिदिन की चहल पहल देखने को मिलती थी, उसे देखने को नहीं मिलेगी। सुबह उठने पर उसे अपने साथ सम्बन्धियों का संबोधन अथवा आभास नहीं प्राप्त हो सकेगा। ना ही वो फिर से जागृत अवस्था में आ सकेगा और ना

ही किसी भी अवस्था में ऐसा कुछ अनुभव ही कर सकेगा।

दूसरा कारण ! इससे प्राप्त होने वाली अकल्पनीय पीड़ा भी हो सकता है। अकल्पनीय इसलिए कि जिस पीड़ा को कभी सहन ही नहीं किया, अनुभव ही नहीं किया। उसकी मात्र कल्पना ही की जा सकती है कि हो सकता है ऐसा होता हो या ऐसा होता होगा। जो कभी हुआ ही नहीं, जिसका कोई अनुभव ही नहीं, उसकी कल्पना कर के या उसके आभास से भयभीत होना किसी भी दृष्टि से उचित नहीं हो सकता।

एक बार एक मित्र महोदय पूछने लगे कि मृत्यु कौन सी अच्छी होती है ? प्रश्न रुचिकर एवं किसी सीमा तक महत्वपूर्ण भी हो सकता है। शायद इसके आधार में इसका तात्पर्य यह था कि कौन सी मृत्यु कष्टदायक नहीं है अथवा कौन सी मृत्यु शांतिप्रद होती है।

'मृत्यु कौन सी अच्छी होती है ? किसी दुर्घटना के कारण से हुई मृत्यु या किसी भी बीमारी के फलस्वरूप हुई मृत्यु।' प्रश्न के उतर में तो कोई भी बुद्धिजीवी वर्ग का मनुष्य कह सकता है कि मृत्यु तो वो ही अच्छी होती है जो दूसरों का भला करते हुए प्राप्त हो। जो देश की रक्षा करते हुए प्राप्त हो वगैरह ! किन्तु यहाँ आशय यह है कि ऐसी मृत्यु, जिसके आने पर किसी भी प्रकार की संवेदना या कष्ट का आभास ना होने पाए। एक शांतिपूर्ण देहावसान ! जिसके होने से

राज ऋषि शर्मा

किसी भी प्रकार का कोई कष्ट ना हो।

अब इच्छा अनुसार इसे जैसा भी समझा जाए किन्तु मृत्यु तो मृत्यु ही होती है। इसमें अच्छा या बुरा कुछ भी नहीं हो सकता। उसके होने का आधार अच्छा या बुरा हो सकता है किन्तु मृत्यु अच्छी या बुरी नहीं हो सकती। इसे इस प्रकार से भी कहा जा सकता है कि नींद तो नींद ही होती है। यह अच्छी या बुरी कैसे हो सकती है। यह कभी भी अच्छी या बुरी नहीं हो सकती। सोचने को की कुछ भी सोच सकता है। जब नींद आएगी तो तब मनुष्य को सोना है। सोने के पश्चात क्या होता है अथवा क्या हो सकता है यह किसी से भी अज्ञात नहीं है। सोने पर मनुष्य करवट बदलता है। सोने पर मनुष्य को कभी कभी स्वप्न आते हैं। सोते हुए कभी कभी मनुष्य चौंककर जाग भी जाता है। इस सब के उपरांत प्रात काल को उसकी निद्रा खुल जाती है। इसके पश्चात वह अपने पिछले दिन की कार्यप्रणाली को फिर से व्यवस्थित करते हुए अपनी नित्य की दैनिक क्रिया में मग्न हो जाता है। बस !

वैज्ञानिक दृष्टिकोण से देखा जाए तो मृत्यु होने पर मनुष्य के शरीर के साथ साथ ही मनुष्य का सब कुछ समाप्त हो जाता है। कुछ भी शेष नहीं रहता। ना ही शरीर शेष रहता है ना ही इसका अस्तित्व। अब इस संबंध में अधिक लिखना उचित भी नहीं क्योंकि इस सत्य से हर कोई परिचित ही है कि मृत्यु क्या होती है। इसलिए

राज ऋषि शर्मा

इस सम्बन्ध में अधिक विवेचना करना उचित नहीं। यहां चर्चा इस बात पर थी जैसा कि अध्याय के आरम्भ में एक प्रश्न पूछा गया था कि किस प्रकार की मृत्यु श्रेष्ठ है ?

मृत्यु, मृत्यु ही है। इससे कोई अंतर नहीं पड़ता कि यह कैसे प्राप्त हो रही है। इस के सम्बन्ध में यह परिकल्पना हो सकती है कि उसकी मौत कैसे हुई ! उसके अंत में उसे कितना कष्ट हुआ।

इसमें किसी भी प्रकार का कोई भी संदेह नहीं कि हर कोई आरामदायक मृत्यु को ही पसंद करता है। कोई भी मनुष्य किसी भी प्रकार के कष्ट को पसंद नहीं करता। ना ही अपनी जीवित अवस्था में ना ही मृत अवस्था में। इसलिए कोई भी अपने अंतिम समय का कष्टदायक होना नहीं चाहता।

कष्ट यदि होता है तो भुक्तभोगी को उतना नहीं होता जितना कि उसे देखने वाले को उसकी कल्पना से होता है। भुक्तभोगी मनुष्य को कितना कष्ट होता है, उससे अधिक उसे देखने वाले के अवचेतन में जमा हो जाता है। जिससे मृत्यु सदैव ही उसे कष्टदायक लगती है और इसका भय उसके अंत काल तक उसके मन में समाया रहता है और उसे भयभीत किये रहता है।

कल्पना कीजिये कि एक गाड़ी कहीं जा रही है। उसकी किसी

राज ऋषि शर्मा

स्थान पर दुर्घटना होती है और इस में सवार किसी की मृत्यु हो जाती है। हो सकता है वह घायल हुआ होगा। उसका कोई अंग विच्छेद हो गया होगा। ना जाने कितनी देर उसका रक्त बहता रहा होगा। फिर उसकी मृत्यु हो गयी। ऐसा कोई भी सोच सकता है। ऐसा निश्चित रूप से ही हुआ भी हो सकता है किन्तु जो हम सोच रहे है वो उसने ना सोचा होगा। उसकी तो एक समय के पश्चात मृत्यु हो गयी होगी। उसने तो जीवन और मृत्यु के मध्य का वो पढ़ाव पार कर लिया होगा जो उसकी नियति में था और जिसे उसे नियती के अनुसार पार करना ही था। जिसके पश्चात वह हर प्रकार के कष्ट तथा पीढ़ा से मुक्त हो जाना था। जीवन की यात्रा में मृत्यु जीवन का एक पढ़ाव था जो निकल गया। एक जीर्णोद्धार था, जिसे पार कर लिया गया। वह जीवन के एक आयाम से निकलकर जीवन के दूसरे आयाम में प्रवेश कर लिया। बस ! इसके अतिरिक्त शेष कुछ नहीं। अब इस सब में सोचने वाली बात यह है कि उसके कष्ट तथा पीढ़ा को जिसे उसने शायद अनुभव किया भी था या नहीं, उसे हम अनुभव कर रहे हैं। उसकी हम अब कल्पना कर रहे है।

मृत्यु कैसी भी है, किसी भी प्रकार से होती है, इसके विषय में किसी भी प्रकार का दृष्टिकोण या व्याख्या नहीं की जा सकती। मृत्यु आई और चली गयी। इसमें कष्टदायक या शांतिपूर्ण होने का कोई भी महत्व नहीं। इसके अच्छा या बुरा होने जैसा भी कुछ नहीं। किसी भी प्रकार की मृत्यु को श्रेष्ठ या निम्न नहीं कहा जा सकता।

राज ऋषि शर्मा

चाहे वो किसी दुर्घटना के फलस्वरूप होती है अथवा शांतिमय प्राकृतिक रूप से। अंत किसी भी प्रकार से हुई मृत्यु का एक ही है एवं कहा जा सकता है कि एक जैसा ही है।

अब किसी की मृत्यु कैसे होती है यह ठीक ऐसा ही है कि जैसे कोई यात्रा अपनी यात्रा पैदल चलकर पूरी करता है, किसी गाड़ी पर सवार हो कर या फिर हवाई जहाज़ से इसे पूरा करता है। इससे कोई अंतर नहीं आता। अंत सभी का एक जैसा ही है।

अब जैसे ही यह समझ आ गया कि मृत्यु के पश्चात सब कुछ ही समाप्त नहीं हो जाता। मृत्यु के पश्चात भी जीवन है तो इसके साथ ही मृत्यु के प्रति मनुष्य का भय भी समाप्त हो जाता है। मृत्यु से भय है ही इसलिए कि हमारे द्वारा सदैव ही यह समझ लिया जाता है कि मृत्यु ही मनुष्य के जीवन का अंत है। मृत्यु होने पर सब कुछ समाप्त हो जाता है। तब मृत्यु के कष्ट से हमें सब कुछ समाप्त हो जाने के कष्ट से दुःख अथवा अथाह पीड़ा का आभास होने लगता है। जबकि ऐसा कुछ भी नहीं है। मृत्यु जीवन का अंत नहीं है।

इस बात की समझ से ही उस चरम बिंदु को जब इस शरीर को त्याग कर दूसरे जीवन में प्रवेश किया जाता है, उस बिंदु से लेकर अतीत के उस बिंदु तक यहां हमें सद्ज्ञान की प्राप्ति होती है, आत्मबोध की प्राप्ति होती है, इसे 'मरने से पहले' के समय में

राज ऋषि शर्मा

परिभाषित किया जा सकता है।

राज ऋषि शर्मा

'**जिंदगी**' की तलाश में हम मौत के कितने करीब आ गए। 'निश्चित रूप से ऐसा 'मरने से पहले' के समय में कहा जा सकता है। जब अपना जीवन यापन करने के पश्चात मनुष्य अपने अंत के इतना समीप चला आता है। ऐसे ही समय पर जब मनुष्य अपने अतीत का अवलोकन करता है तो उसे स्मरण होने लगता है कि उसने अपने अब तक के जीवन में क्या अच्छा या बुरा किया है। ऐसे ही समय में कोई भी मनुष्य यह सोच सकता है कि वो ऐसा कर सकता था लेकिन कर नहीं पाया। तब ही उसे इस बात का एहसास होता है कि अपने जीवन में उसने क्या क्या खो दिया है। बेसुधी में ही उसने अपना जीवन व्यतीत कर दिया।

वो जीवन को सार्थक कर सकता था। अपने जीवन को बहुत सुंदर तथा उद्देश्य पूर्ण बना सकता था। वो अपने इस जीवन में दूसरों के हितार्थ बहुत कुछ कर सकता था। वो अपने उस ने तो अपने जीवन में कुछ भी नहीं किया। यूं ही अपने हीरे जैसे अनमोल जीवन को व्यर्थ गंवा दिया।

राज ऋषि शर्मा

एक बार एक संत महाराज अपने आश्रम में बैठे हुए थे कि उसी समय उनका एक शिष्य उनके पास पहुंचा। वो शिष्य बहुत ही उग्र व क्रोधी स्वभाव का था। छोटी छोटी बातों पर वह अपने पास पड़ोसियों तथा मित्रों से उलझ पड़ता था। अपनी इस कमजोरी को वो स्वयं भी जानता था किन्तु बहुत प्रयास करने के उपरांत भी वह अपनी इस कमजोरी पर नियंत्रण नहीं कर पाता था। अंततः परेशान हो कर एक दिन वह अपने गुरु की शरण में चला आया।

उसे अपने गुरु के शांत, सौम्य स्वभाव के विषय में मालूम था कि कैसे वह विपरीत परिस्थितियों में भी सदैव सहज-सरल तथा प्रसन्नचित रहते थे और कभी भी विचलित नहीं होते थे। वह उनके पास पहुंचा और उनके चरणों में अपना शीश नवा कर उन से अपनी इस समस्या को बता कर उसके समाधान का उपाय पूछा।

संत महाराज ने उसकी बात बहुत ध्यान से सुनी तथा उससे कहा, "बेटा ! इसका एक ही कारण है जिस कारण से तुम्हारा अपने ऊपर नियंत्रण नहीं रहता, जोकि मैं ही जानता हूँ। उसे तुम नहीं जानते।"

इतना सुनना था ही कि गुरु महाराज का वह शिष्य बहुत उद्विग्न हो गया। उसने विचलित हो कर पूछा, "ऐसी कौन सी बात है गुरुदेव जो आप जानते हैं और जिसके कारण ही मेरा ऐसा उग्र स्वभाव है।

राज ऋषि शर्मा

जिस पर मैं चाह कर भी नियंत्रण नहीं कर पाया। कृपया इसे मुझे बताइए ताकि मैं अपने आपको परिवर्तित कर सकूँ।"

शिष्य की बात सुनकर संत महाराज कुछ गंभीर हो गए और अपने चेहरे पर दुःख का भाव व्यक्त करते हुए कहने लगे, "बेटा ! तुम्हारे इस प्रकार के उग्र स्वभाव का वास्तविक कारण यह है कि तुम्हारी आयु बहुत ही कम है। तुम आज से एक सप्ताह के भीतर ही मृत्यु को प्राप्त हो जाने वाले हो। इसी कारण से तुम्हारी अंतरात्मा बहुत बेचैन है तथा तुम्हें ऐसे व्यवहार के लिए उत्प्रेरित करती है।"

अपने गुरु के मुंह से यह सब सुनकर वह शिष्य बहुत बेचैन व चिंतित हो गया। अपने गुरु के कथन पर किसी प्रकार के भी संदेह का प्रश्न ही नहीं था। अपनी मृत्यु उसे बहुत पास दिखाई देने लगी।

"अब मेरे लिए क्या निर्देश है गुरुवर ?" चिंतित स्वर में उसने पूछा।

"कुछ नहीं ! अब तुम घर जाओ। जैसा तुम्हें तुम्हारा मन तुम्हें करने के लिए कहे वैसा ही करो।" कहते हुए गुरु महाराज ने उसे आशीर्वाद दिया।

अपने गुरु से आशीर्वाद लेकर वह उदास मन से घर वापस

राज ऋषि शर्मा

चला आया। आते ही वह चिंता में निमग्न हो गया। अपने चारों ओर अब उसे अंधेरा ही अंधेरा दिखाई देने लगा। अब तो मैं केवल एक सप्ताह का ही मेहमान हूं। एक सप्ताह के पश्चात मुझे चले ही जाना है। अब किस से किस प्रकार की आसक्ति ! क्या मोह माया ! कौन अपना तथा कौन पराया ! कौन मित्र तथा कौन शत्रु !

यह धन दौलत रिश्ते नाते सब कुछ तो क्षणिक हैं। फिर यह ईर्ष्या मोह माया, राग-द्वेष इस सब का क्या अर्थ ! इन सब का कहीं पर भी कोई भी अर्थ नहीं है। मेरे जाने के बाद भी लोग मुझे एक बुरे इंसान के रूप में स्मरण करेंगे। क्यों न मैं जाते जाते कुछ अच्छे कार्य ही कर लूं ! क्यों न मैं अपने जीवन के इस शेष समय में कुछ भगवान का ही स्मरण कर लूं। कुछ अच्छे कार्य करता चलूं। कम से कम अपने अंतिम समय में तो मैं दूसरों के साथ अच्छा तथा प्रेमपूर्ण व्यवहार कर लूं। अपने लिए कुछ तो पुण्य संयोजित कर लूं। सोचते सोचते शिष्य के हृदय में से कषाय-कल्मष मिटते चले गए। उसके हृदय को कुछ सुकून सा प्राप्त हुआ।

उसी समय से उस शिष्य का स्वभाव परिवर्तित हो गया। वह हर किसी से पूर्ण अपनत्व तथा प्रेम भाव से मिलने लगा। जिस किसी से भी कभी उसने कभी कटु व्यवहार किया था उससे भी क्षमा मांगने लगा। अब वह व्यर्थ समय व्यतीत करने की अपेक्षा उसका सदुपयोग करने लगा। वह एक प्रकार से पूर्णतया ही बदल

राज ऋषि शर्मा

गया था।

इसी प्रकार से समय व्यतीत होने लगा। अंततः सातवां दिन भी आ गया। आज तो मेरे जीवन का अंत हो जाएगा। आज मेरी मृत्यु निश्चित है। यही सोचते हुए उसके मन में विचार आया कि क्यों ना इस नश्वर संसार छोड़ने से पूर्व आज वह अपने पूज्य गुरु के ही दर्शन कर ले, जिन के आशीर्वाद तथा मार्गदर्शन से उसे अपने जीवन के अंत समय में कुछ सुधार तथा अच्छा कार्य करने का अवसर प्राप्त हुआ।

यह सोचते हुए वह उन संत महात्मा के सानिध्य में पहुंचा और उनके चरण स्पर्श करते हुए कहा ,"भगवन ! आज मेरे जीवन का अंत होने वाला है और मैं अपने आगे की यात्रा के लिए प्रस्थान करने वाला हूँ। इसलिए आप मुझे दीजिए ताकि मैं शांतिपूर्वक इस संसार का त्याग कर सकूँ।"

अपने शिष्य के आस्था पूर्ण निवेदन को सुनकर संत महात्मा मुस्करा दिए। उन्होंने उसके सर पर हाथ रखते हुए स्नेहपूर्वक आशीर्वाद दिया और कहा-"मेरा आशीर्वाद तो सदैव से तुम्हारे साथ पुत्र ! शतायु भव !"

अपने गुरु के मुंह से शतायु होने का आशीर्वाद सुनकर वह

राज ऋषि शर्मा

शिष्य आश्चर्यचकित हो गया। कहने लगा, "पूज्यनीय गुरुवार ! आज तो मेरे जीवन का अंतिम दिवस है। आज तो मैं इस देह का त्याग कर अपनी अंतिम यात्रा पर जा रहा हूँ। फिर आप मुझे यह शतायु होने का आशीर्वाद कैसे दे रहे हैं ?"

इस पर संत महात्मा ने मुस्कुराते हुए कहा, "सर्वप्रथम तुम यह बताओ कि तुम्हारा यह सप्ताह का समय कैसे व्यतीत हुआ ? क्या अब भी तुम राग-द्वेष में दूसरों के अहित में ही लिप्त रहे ? क्या तुम्हारे पूर्व के व्यवहार में कुछ अपेक्षणीय परिवर्तन आया ?"

गुरु की मुस्कान का अर्थ न समझते हुए शिष्य ने कहा-नहीं नहीं गुरुवर ! मैं तो इन सात दिनों में पूर्णतया ही परिवर्तित हो गया हूँ। मेरे पास किसी का भी अहित सोचने का अथवा बुरा करने का समय ही नहीं था। मुझे तो जिन के साथ मैंने कभी गलत व्यवहार किया था उन से क्षमा मांगी और ऐसा ही मैंने किया भी। मुझे तो अपने जीवन के इस 'मृत्यु से पहले' के बचे हुए समय का यथासंभव सदुपयोग करना था तथा सभी के हितार्थ ही कार्य करना था।"

अपने शिष्य का उत्तर सुनकर संत महाराज मुस्कुरा दिये। बस! यही तो जीवन में अच्छे व्यवहार का रहस्य है। जो अब तक तुम्हारी समझ में आ गया है। यही शांत तथा सौम्य जीवन जीने का मार्ग है।"

राज ऋषि शर्मा

अपने गुरु के मुंह से मधुर प्रवचन सुनकर शिष्य समझ गया कि उसके गुरु ने जानबूझकर उसे मृत्यु का भय दिखा कर सही मार्ग पर लाया है। शिष्य ने गुरु की शिक्षा को अपने जीवन में उतार लिया तथा उसी के अनुरूप जीवन यापन किया।

यहां बात गुरु शिष्य के आपसी सम्बन्ध से अधिक समय से की है। उस समय की, जो 'मरने से पहले' का समय है। वो समय जो शिष्य के लिए उसके गुरु के प्रवचन के समय से प्रारम्भ होता है तथा उसकी घोषित मृत्यु के चरम बिन्दु तक का है। जब शिष्य में अपेक्षित परिवर्तन संभावित होता है। जब उसके लिए ऐसा कुछ भी शेष नहीं रहता जिसके लिए कि उसे अंतिम क्षणों में 'काश' शब्द को कहना पड़े। 'काश' मैंने ऐसा न किया होता। 'काश' मैं ऐसा कर पाता। किसी किस्म का उसके लिए पछतावा शेष नहीं होता।

सबसे अधिक पछतावा मनुष्य को इस बात के लिए ही होता है कि उसने अपने जीवन को अच्छा बनाने का प्रयास क्यों नहीं किया। उसने दूसरों के साथ अच्छे संबंध क्यों नहीं बना कर रखे। क्यों उसने अपने भाई बहन अथवा माता पिता या सम्बन्धियों के साथ वैसा स्नेहपूर्ण व्यवहार नहीं किया जैसा कि उसे करना चाहिए था। फिर उसके पश्चात और सबसे अधिक पछतावा जो उसे होता है वो इस बात का कि उसने अपने बच्चों की ओर अधिक ध्यान क्यों नहीं दिया। उसने अपनी पत्नी की क्यों इस प्रकार अवहेलना की

राज ऋषि शर्मा

जबकि उसने तो अपना सम्पूर्ण जीवन ही उसके लिए उत्सर्ग कर दिया था। क्यों नहीं उसने उसकी अधिक से अधिक इच्छाओं की पूर्ति की ओर ध्यान दिया।

मेरे बच्चों ने अथवा मेरे भाइयों ने आयु पर्यंत मुझे इतना मान सम्मान दिया, फिर मैंने क्यों उनके साथ ऐसा अन्याय किया।

यह तो ऐसे आदमी की सोच हो सकती है, जिसने अपने जीवन में बहुत कुछ अपनी इच्छा अनुसार कर लिया किन्तु इस सब के उपरांत भी कुछ अधूरी सी, अतृप्त सी इच्छाएं ऐसी रह ही गईं जिनके लिए उसकी इच्छा थी कि वो भी पूरी हो जाती।

वो माता पिता जिन्होंने ने अपने पूर्वजों की इच्छानुसार अपने बच्चों की शादी ऐसे घर में कर दी जो किसी भी प्रकार से उनके लिए उपयुक्त नहीं थे। जिससे बच्चों का सम्पूर्ण जीवन ही बर्बाद हो गया हो उसके पछतावे का कोई महत्व ही नहीं रहता। इस सब का महत्व तो 'मरने से पहले' के प्रबोधन काल से लेकर मृत्यु के अंतिम चरम बिंदु तक के समय में भी कुछ नहीं था।

फिर उसकी सोच का क्या किया जाए जो यह सोचता है कि वह अपने जीवन में जो नहीं प्राप्त कर सका उसका कारण वह स्वयं नहीं दूसरे हैं। अपनी सोच या भूल का जिम्मेदार कोई और नहीं बल्कि

राज ऋषि शर्मा

वह स्वयं है, ऐसा वह सोच ही नहीं सकता। ऐसा यदि वह सोच सकता होता तो फिर किसी भी प्रकार का गिला शिकवा उसे जीवन के किसी भी मोड़ पर नहीं होता।

वह अध्यापक बनना चाहता था किन्तु उसके माता पिता ने अपनी इच्छाओं की पूर्ति हेतु उसे डॉक्टर बना दिया। जो व्यक्ति दूसरों के कहने पर पर ऐसा करते हैं जिसे कि वो अपने दिल से नहीं करना चाहते थे, 'उन्हें अपने अंतिम समय या मरने से पहले' के समय में सबसे अधिक पछतावा होता है। मैं ऐसा नहीं करना चाहता था। मैं ऐसा नहीं बनना चाहता था किन्तु यह सब मैंने उसके या उन के कहने पर ही किया। मैंने अपना जीवन दूसरों के लिए ही उत्सर्ग कर दिया।

माणिक वर्मा कहते हैं कि मैंने अपने जीवन में जो भी किया सदैव दूसरों की भलाई के लिए उनकी प्रसन्नता के लिए ही किया। मेरे माता पिता दुखी न हों। इस लिए किया। इसके लिए ही उनकी इच्छा अनुसार नौकरी कर ली। उनकी इच्छा अनुसार शादी कर ली। मैंने अपने जीवन में जो कुछ भी किया अपने दिल की इच्छाओं का दमन करते हुए दूसरों की प्रसन्नता के लिए ही किया। मेरे माता पिता या भाई बहनों को मेरे कारण से किसी प्रकार का कोई दर्द ना हो।

राज ऋषि शर्मा

ऐसा करना जीवन में किसी के लिए भी उसके जीवन की ऐसी बड़ी भूल हो सकती है जिसके लिए उसे अपने अंतिम समय में इस बात पर पछतावा। यदि दूसरों को प्रसन्न करने के लिए ही ऐसा किया गया है कि कोई दूसरा अप्रसन्न ना हो जाए, तो फिर पश्चाताप किस बात के लिए और क्यों ? स्वयं ही की हुई भूल के लिए फिर दूसरा कोई दोषी क्यों कैसे हो सकता है ?

काश ! वह उस समय वह इस सब का विरोध करता और अपनी इच्छा अनुसार ही सब कुछ करता। तो फिर उसके लिए जीवन में उस रेखा की कोई भी सीमा नहीं रहती, जिसे प्रबोधन काल से लेकर मरते समय तक के समय में परिभाषित किया जा सके। फिर उसे किसी भी समय पर किसी भी प्रकार के दुःख दर्द का किंचित भी आभास नहीं होता।

ऐसा सदैव उन लोगों के साथ ही होता है जिनकी इच्छाशक्ति दृढ़ नहीं होती तथा जो दूसरों की इच्छाओं के सम्मुख नतमस्तक से हुए रहते हैं। ऐसे लोग बहुत ही कमजोर प्रवृत्ति के होते हैं। वह कभी भी जीवन में दृढ़ता से अपने पक्ष में कोई निर्णय नहीं ले पाते। अधिकांश वैसे ही लोग अपने जीवन के अंतिम समय में पछतावा करते हैं। ऐसे लोग अपनी हर अतृप्त कामना के लिए दूसरों पर ही दोषारोपण करने के अवसर तलाश करते रहते हैं। वो अपने जीवन में कभी भी किसी बात से संतुष्ट नहीं हो सकते। तो फिर भला उन्हें

राज ऋषि शर्मा

अपने अंतिम समय में भी आत्मसंतुष्टि कैसे हो सकती है। उनके लिए उनके भाग्य में पछतावा सदैव ही बना रहता है।

जिनकी इच्छाशक्ति के शिथिल होने से ऐसा होता है, ऐसे लोगों के लिए लिए ना ही तो यह विषय सम्बंधित है और ना ही उन्हें इस पुस्तक को पढ़ने से कोई लाभ ही हो सकता है। उन्हें इस पुस्तक को पढ़ने से तभी अपेक्षित लाभ हो सकता है, जब उनकी इच्छशक्ति दृढ़ हो। उनके लिए जीवन के अंतिम चरम बिंदु से पीछे के समय, जिसे हम प्रबोधन काल (Enlightenment) का समय कहते हैं, उस समय से 'मरने से पहले' के समय का कोई महत्व ही नहीं है। वो इस बात को समझ ही नहीं सकते हैं कि समय की इस विभक्ति का अर्थ क्या है ? इसका महत्व क्या है ?

राज ऋषि शर्मा

अभी समय है। मनुष्य को सदैव यही लगता रहता है कि अभी उसके पास बहुत समय है। समय के व्यतीत होते जाने तथा कब यह समय समाप्त हो जाएगा, इसका उसे कभी आभास ही नहीं होता। यह सही है कि आमतौर पर मनुष्य को ऐसी बातों का आभास ऐसे समय पर होता है जब उसके पास समय शेष नहीं होता किन्तु यह बात भी सच है कि उस समय के पहले उसके पास बहुत समय होता है। इतना अनंत समय कि यह कब समाप्त होगा इसकी कभी भी उसे ना ही तो चिंता होती है ना ही ध्यान तथा ना ही इस का उसे पूर्वाभास ही होता है।

जब तक उस में किसी प्रकार की कोई जागरूकता नहीं होती, enlightenment नहीं होती, तब तक तो ठीक है, किन्तु जब उसे इस बात का आभास होने लगता है, जब उसे उचित अथवा अनुचित की समझ होने लगती है, तब से लेकर मृत्यु के समय तक (जिसे 'मरने से पहले' का समय कहा जा सकता है) जो उसके पास समय होता है उसमें तो ऐसे कार्य कर ही सकता है कि उसे अंतिम

समय पर किसी भी प्रकार का पछतावा ना हो। तब उसे अपने जीवन में किसी भी प्रकार के अधूरेपन का आभास अथवा पछतावा ना हो।

इसके लिए ऐसा तो किया ही जा सकता है कि उचित अनुचित के दायरे में जो भी उसके अपने मन की इच्छा हो उसे पूर्ण करने के लिए दृढ़ प्रयास किया जाए। दूसरों को प्रसन्न करने के लिए अथवा उनकी प्रसन्नता के लिए प्रयास तो किया जाए किन्तु अपनी इच्छाओं को अपने मन के भीतर ही दमित ना किया जाए। ऐसा काम किया जाए जो हर प्रकार से उचित हो या जिससे आपके मन को प्रसन्नता या संतुष्टि मिलती है किन्तु उसकी परवाह न की जाए कि कोई दूसरा क्या कहेगा। कोई दूसरा क्या सोचेगा।

यदि आपकी प्रसन्नता अथवा आपके मन की संतुष्टि के लिए ऐसा कोई कार्य कर भी लिया जाए जिससे की किसी दूसरे का कोई अहित ना होता हो तो फिर इस बात की चिंता क्यों की जाए कि कोई दूसरा इस बारे में क्या सोचेगा। बस ! कोई भी किया जा रहा कार्य आपकी अंतरात्मा के ध्वनि अनुसार सही तथा न्यायोचित होना चाहिए।

२००८ में विनय पाठक तथा आज़म खान द्वारा प्रस्तुत इस विषय से संबंधित एक बहुत ही सुन्दर फिल्म आई थी, जिसका नाम था

राज ऋषि शर्मा

'दसविदानिया' (Dasvidaniya) जिसकी कहानी अरशद सईद ने लिखी थी।जिसमें विनय पाठक तथा सरिता जोशी ने अविस्मरणीय भूमिका निभाई थी। यह एक बहुत ही मनोरंजक तथा यथार्थपरक फिल्म थी।

इसमें विनय पाठक ने एक ३७ वर्षीय अमर कौल नाम के उस नौजवान की भूमिका निभाई है जो मुंबई में सूरज फार्मास्युटिकल्स नाम की एक कंपनी में लेखा प्रबंधक के रूप में कार्यरत है। वह अविवाहित है तथा अपनी मां (सरिता जोशी) के साथ रहता है। वह आनंद पूर्ण अपना जीवन यापन कर रहा होता है कि एक दिन सहसा ही उसका डॉक्टर उसे बताता है कि उसके पेट में कैंसर है और वह अधिक दिन तक जीवित नहीं रह सकेगा। उसका जीवन मात्र तीन माह ही शेष है।

जैसे ही अमर कौल को इस बात का पता चलता है कि उसका जीवन मात्र तीन माह का ही है वह इस से तनिक भी विचलित नहीं होता और अपनी पसंद की इच्छाओं की एक सूची बनाने लगता है, जिन्हें कि वह अपने जीवन में पूर्ण कर लेना चाहता है और उन्हें पूर्ण करने के लिए निकल पड़ता है।

उसकी पसंद की सूची में जो बातें थीं उनमें प्रथम नंबर था अपने जीवन में 'लाल रंग की कार खरीदना। दूसरा विदेश यात्रा

राज ऋषि शर्मा

भ्रमण करना। उसके साथ गिटार बजाना भी उस की रुचि में था। अपने बचपन की साथी नेहा के प्रति अपने प्रेम को स्वीकार करना कर लेना। फिर अपने पुराने मित्र राजीव शुक्ला से मिलने जाना। अपनी मां को अपनी स्थिति के विषय में सत्य बताना। फिर समाचार पत्र में अपनी मां की फोटो को प्रकाशित करवाना। साथ में अपने छोटे भाई के साथ अपने संबंधों को सुधारना।

अपनी इन सीमित इच्छाओं को अपने मन में लेकर वह निकल पड़ता है तथा इन तीन महीनों में यथा संभव अपनी इन इच्छाओं को पूर्ण करने का प्रयास करता है। इन तीन महीनों में वह जीवन की उस सच्चाई तथा आनंद के उन क्षणों को अनुभव करता है जिसका शायद जीवन में उसे कभी भी आभास नहीं हो पाता यदि वह अपनी इन इच्छाओं की पूर्ति के लिए निकल न पड़ता। उसने इन तीन महीनों में अपने खोये हुए संबंधों को पुनर्स्थापित किया। स्थापित संबंधों में फिर से नए प्राण फूंकने का प्रयास किया।

कहानी चाहे काल्पनिक हो या सत्य किन्तु यह एक सच्चाई से तो परिचित कराती ही है। यदि इस कहानी का पात्र जीवन की इन सच्चाइयों से परिचित नहीं होता तो शायद जीवन के अंत में उसके लिए भी एक 'काश !' शब्द ही बचा रहता, जो जीवन में अपनी अधूरी इच्छाओं तथा इसके पछतावे के अतिरिक्त कुछ भी नहीं।

राज ऋषि शर्मा

'मरने से पहले' का समय हर किसी के पास होता है। किसी के पास अधिक तो किसी के पास कम। यह सब व्यक्ति की अपनी सोच समझ पर निर्भर करता है। फिर जिसके पास जितना भी समय होता है उसे न्यायिक भाव से क्यों ना इस्तेमाल किया जाए।

यह किसी को भी कभी भी नहीं सोचना है कि उसके पास कितना समय है। जितना भी है, असीम है। जीवन मिला है तो उसमें उसे अपनी अधूरी रह गयी कामनाओं को नहीं उभरने देना है। जीवन में असंतुष्ट नहीं रहना है। हरेक को अपने ढंग से रहना है। सभी को अपनी इच्छाओं की पूर्ति के लिए यथा संभव भरसक प्रयास करना है। यही आपके सफल जीवन की निशानी है और प्रत्येक को ऐसा ही जीवन जीने का प्रयास भी करना है।

ऐसा ना ही तो कोई चाहता है और ना ही चाहेगा कि अपने अंतिम समय पर उसे आह भरते हुए कहना पड़े,"काश ! ऐसा ना होता। काश ! मैंने ऐसा किया होता। काश ! मेरा जीवन ऐसा ना होता वैसा होता।

कम से कम अपनी किसी भी इच्छा की पूर्ति न होने पर अपने पर तो दोष न आये। फिर भी किसी कामना की पूर्ति नहीं हो पाती तो इस प्रकार के पछतावे की संख्या तो कम होगी जिसके लिए उसे अपने अंतिम समय में 'काश !' शब्द का प्रयोग करना पड़ रहा है।

राज ऋषि शर्मा

सभी कुछ मनुष्य के लिए संभव नहीं हो पाता किन्तु बहुत कुछ तो संभव हो पाता है।

हमें जीना है अपने सपनों के साथ जीना है और उसकी पूर्ति करते हुए जीना है। जो आपको पसंद है उसे पाना ही आपके जीवन का उद्देश्य भी है और लक्ष्य भी। जिसके अभाव में आपके जीवन में कभी भी संतुष्टि प्राप्त नहीं हो सकती। हमें अपने अंतिम समय पर इस बात की तो संतुष्टि होनी ही चाहिए कि हमें जो जीवन मिला था उसमें हमने जो भी कार्य किये वो सर्वदा सर्वोपयोगी तथा न्यायपूर्ण थे। किसी भी कार्य को करते समय मैंने कुछ भी गलत नहीं किया। इस बात की आत्म संतुष्टि होना भी बहुत बड़ी बात है।

यह एक प्रकार से आपके लिए उपयुक्त समय है। यह समय उनके लिए नहीं है जो इस समय अपने अंत के चरम बिंदु के समीप हैं बल्कि यह समय आपके लिए है, उन सब के लिए है जिसके लिए अपना जीवन जीने के लिए बहुत समय है। अनिश्चित समय अवधि है। इस समय में ऐसे सभी कार्य किये जा सकते हैं जिन्हें आप करना चाहते हैं। जो किये ही जाने चाहिए तथा जिसके होने पर अंत समय में किसी को भी किसी प्रकार का भी पछतावा शेष नहीं रहता।

चाहे मनुष्य अपने जीवन में कितना भी कुछ क्यों ना कर ले

राज ऋषि शर्मा

फिर भी उसके जीवन में बहुत कुछ अधूरा रह ही जाता है। यह सही है कि बहुत सी ऐसी अपूर्ण कामनाओं की ओर मनुष्य का ध्यान उस समय जाता है जब उसके वश में कुछ भी शेष नहीं रहा होता। वो पूर्णतया लाचार बेवस एवं अशक्त हो गया होता है किन्तु हमारे जैसे लोग तो लाचार एवं वेबस नही हैं उस समय के लिए। इस से पहले कि हमें उस समय का सामना करना पड़े हमें तो ऐसा प्रयास करना ही चाहिए ताकि हमें उस अवस्था में से ना गुजरना पड़े जिसमें से दूसरे गुजर रहे हैं।

इसके लिए सबसे अधिक आवश्यक जो है, वो यह है कि अपनी भावनाओं की खुल कर अभिव्यक्ति की जाए तथा उनकी पूर्ति के लिए कभी भी दूसरों पर निर्भर ना रहा जाए। अपनी अंतरात्मा की आवाज सुनकर सदैव सही के लिए ही प्रयास रत होना चाहिए। कभी भी अपनी अंतरात्मा के मार्गदर्शन के विपरीत दिशा में चलने का प्रयास नहीं किया जाना चाहिए। इस से कभी भी मन का सुकून नहीं मिल पायेगा। जीवन में अंतिम समय के लिए पछतावा ही शेष रह जाएगा।

राज ऋषि शर्मा

चिरंजीवी प्रकाश जी की माँ की कुछ ही समय पूर्व मृत्यु हो गई थी। इस विषय पर अपनी बात चीत के मध्य वह कहते हैं कि एक पछतावा तो अपनी अतृप्त कामनाओं के प्रति उस समय पर होता है जब मनुष्य के जीवन की अंतिम बेला होती है किन्तु एक पछतावा उस समय पर भी होता है जब मनुष्य 'मरने से पहले' के समय काल में होता है। इस समय भिन्नता है तो बस इतनी ही है कि 'मरने से पहले' के समय में जो पछतावा होता है वो इतना तीव्र नहीं होता किन्तु जो मृत्यु काल की चरमावस्था के समय होता है वो अत्यंत ही तीव्र होता है तथा उस समय की विवशता बहुत ही कष्टदायक होती है। उस समय मनुष्य लगभग पूर्णतया अशक्त हो गया होता है। उस समय उसके हाथ में कुछ भी नहीं शेष रहा होता है।

यह 'काश !' उस समय भी होता है और यही 'काश !' इस समय भी शेष होता है किन्तु उस समय और इस समय में साधारणतया कुछ अंतर होता है। अब मेरी माँ की मृत्यु हो गई है।

राज ऋषि शर्मा

मैंने अपने जीवन काल में जितना भी हो सका उनके अच्छे से अच्छे जीवन यापन के लिए किया। उन की प्रसन्नता के लिए सभी प्रयास किये। उनकी सुख सुविधा के लिए जो भी हो सका किया किन्तु यह 'काश!' फिर भी मेरे भी जीवन में बचा ही रह गया है कि मैं इस से भी अधिक उनके लिए करता। मैंने जो भी उनके लिए किया, इससे अधिक क्यों नहीं किया। यहां तक कि मेरे दिल में तो यह भी लालसा रह गयी है कि मैं उनके साथ इस से भी अधिक समय व्यतीत करता, जितना किया। मैं किसी दिन यदि उनके पास दो घंटे बैठा तो क्यों नहीं तीन या चार घंटे बैठा। क्या वो समय फिर कभी भी मेरे लिए वापस आ सकता है? कभी भी नहीं। मैं जीवन भर उन्हें नहीं बता सका कि मैं उन्हें कितना प्यार करता हूँ। क्या अब बता सकता हूँ?

ऐसी ही सोच तथा भावना अपने अतीत में स्वजनों, मित्रों तथा सहकर्मियों के प्रति भी उभर सकती है कि मैंने उसके साथ ऐसा ना किया होता। मैंने उसके साथ अच्छा ही व्यवहार किया होता। अपने मित्र सहयोगी के साथ मैंने इतना समय व्यतीत किया उसके लिए इतना तो कर ही सकता था। मैं कठिनाई में उसकी सहायता कर सकता था किन्तु इसके उपरांत भी मैंने नहीं की। ऐसी बहुत सी इच्छाएं बहुत सी बातें होती हैं जिनका सामयिक महत्व कुछ भी नहीं होता, क्योंकि उस समय आप कुछ करना चाहते हुए भी कुछ नहीं कर सकते हैं।

राज ऋषि शर्मा

कुछ बातें ऐसी होती हैं जिनमें समय रहते सुधार किया जा सकता है किन्तु जब ऐसा नहीं हो पाता है तो समय निकल जाने पर हाथ में पछतावे के अतिरिक्त कुछ भी शेष नहीं रह जाता।

समय रहते बहुत से संबंधों में आप अपनी भावनाओं की अभिव्यक्ति कर सकते हैं, उनमें आशानुरूप परिवर्तन ला सकते हैं। कई बार आपकी लापरवाही या नादानी के कारण समय हाथ से निकल जाता है।

इसलिये समय रहते आपके माता पिता को यह मालूम होना चाहिए कि आप उनसे कितना प्यार करते हैं। आपकी पत्नी को यह मालूम होना ही चाहिए कि आप उसे कितना चाहते हैं एवं उसकी आपको कितनी चिंता है। आपके बच्चों को भी आपका भरपूर स्नेह तथा दुलार मिलना ही चाहिए तथा इस सब का भी उन्हें बताया जाना बहुत आवश्यक है।

यह इसलिए भी आवश्यक है कि आपके दिल की भावना को तभी समझा जा सकता है जब आपके तथा दूसरों के मध्य एक तारतम्य की, एक अपनेपन की स्थापना हो जाये। इसके अभाव से आपके दिल की भावना को दुसरे द्वारा कतई नहीं समझा जा सकता।

राज ऋषि शर्मा

संबंध चाहे कैसे भी हों। उनमें प्यार की, स्नेह की अथवा दुलार की अभिव्यक्ति अत्यंत ही आवश्यक है। सम्पूर्ण समर्पण भाव की अभिव्यक्ति ! जिसके आभास से आपके मध्य एक सम्बन्ध की स्थापना होती हो। मन के तार झनझना उठते हैं। इसमें किसी भी प्रकार का अभाव या अधूरापन नहीं होना चाहिए।अधूरी अभिव्यक्ति आपको सदैव ही, आपकी अतृप्त आकांक्षा की ओर ले जाती है। जो कभी भी पूर्ण नहीं होती और जीवन काल के अंत तक के समय में मनुष्य के लिए एक पछतावा ही बन कर रह जाती है।

इसलिए इस बात को तो सदैव ही स्मरण रखें कि किसी के प्रति भी जब आप के हृदय में यदि कोई अच्छा भाव उपजता है तो उसे उसके समक्ष किसी ना किसी प्रकार से प्रकट अवश्य ही कर देना चाहिए। इसे कभी भी अपने हृदय में ही रखने का प्रयास मत करें। छुपाने से आपके हृदय में पछतावे के भाव तथा प्रकट करने से दूसरे के हृदय में आपके लिए अच्छे भाव की उत्पत्ति ही होती है। कभी भी इसे छुपाने का प्रयास न करें तथा कभी भी अपने इस अच्छे भाव को दुखदायक 'काश !' शब्द में परिवर्तित ना होने दें।

अच्छे भाव को सदैव ही प्रकट होने दें। ऐसा करने से आपके संबंधों में अपनेपन की भावना की ही उत्पत्ति होगी। चाहे ऐसा आपके घर परिवार में हो, कार्यक्षेत्र में हो अथवा गली मोहल्ले में हो। हर क्षेत्र में दूसरों का पक्ष तथा उसकी सद्भावना आपके ही पक्ष

राज ऋषि शर्मा

में रहेगी।

हम जीवन में बहुत से ऐसे कार्य करते हैं जिनसे हमें सामयिक प्रसन्नता की ही अनुभूति नहीं होती बल्कि आत्मिक शान्ति भी प्राप्त होती है किन्तु इसके उपरांत भी हम अधूरे से ही रह जाते हैं। शायद इसका कारण यह ही है कि हम किसी भी किये गए काम के महत्व को कुछ कम करके आंकते हैं या फिर उसके परिणाम के प्रति अनभिज्ञ रहते हैं। किसी भी कार्य के महत्व तथा उसका परिणाम हमें मानसिक तृप्ति प्रदान करता है।

फिर कौन कह सकता है कि मृत्यु से पूर्व के इस समय की ऐसी भावना या इस प्रकार के कार्य करने से आपको एक प्रकार से आत्मिक शान्ति तथा तृप्ति की प्राप्ति नहीं होगी।

इस विषय में निश्चित रूप से एक बात यह भी कही जा सकती है कि चाहे जितना भी प्रयास क्यों ना किया जाए, फिर भी जीवन में कुछ न कुछ तो शेष रह ही जाता है। जिसके लिए चाहे हृदय में किसी प्रकार का पछतावा ना ही हो किन्तु एक प्रकार की अतृप्ति का एहसास तो रह ही जाता है। जिसके लिए ना तो अब तक के जीवन में ही कुछ किया जा सका था , ना ही अब ही कुछ किया जा सकता है।

एक एहसास ऐसा हो ही सकता है जिसे ना तो किसी को बताया जा सकता है एवं ना ही पूर्ण किया जा सकता है। जो दिल में ही उत्पन्न होता है, दिल में ही रहता है एवं फिर जीवन के अन्तिम समय पर दिल में ही दफन भी हो जाता है। इसके लिए कभी भी कुछ नहीं किया जा सकता।

ऐसा अस्वाभाविक नहीं है। ऐसा होता है। सभी के साथ होता है किन्तु यह कभी भी प्रकट नहीं हो पाता या इसे कभी भी प्रकट

राज ऋषि शर्मा

नहीं किया जाता। इसलिए इसका वर्णन भी बहुत ही कम होता है।

जीवन के इस पड़ाव पर यह एहसास अथवा पछतावा दो भागों में विभक्त किया जा सकता है। एक तो वो जिसे पूर्ण किया जा सकता था या जिसके बोझ से मुक्त हुआ जा सकता था। यह ऐसा ही पछतावा होता है जिसका एहसास होने पर भी इसके लिए कुछ नहीं किया जा सकता।

किन्तु दूसरी प्रकार का पछतावा ऐसा होता है जिसके लिए कि जागरूकता होने पर इसके लिए बहुत कुछ किया जा सकता था। यही वो पछतावा होता है जिस के लिए अंतिम समय पर मनुष्य के हृदय में दुःख, अवसाद तथा पीड़ा की अनुभूति शेष रह जाती है।

हालांकि दोनों ही प्रकार का पछतावा मनुष्य को होता है। संवेदनशील मनुष्य को कुछ अधिक होता है तथा कम संवेदनशील मनुष्य को कुछ कम होता है। फिर भी विधाता के इस भोग संवेदना के एहसास से कोई भी वंचित नहीं रह सकता। इसे सभी को सहन तथा अनुभव करना ही पड़ता है।

ऐसी परिस्थिति का सामना तो प्रत्येक मनुष्य को अपने जीवन के अंत में चाहे अनचाहे करना ही पड़ता है। इससे कोई भी मुक्त नहीं रह सकता किन्तु सर्वाधिक पछतावा उसे जिन बातों पर होता

राज ऋषि शर्मा

है, यदि ऐसी बातों पर अपने जीवनकाल में 'मरने से पहले' के समय में समुचित ध्यान दिया जाए तो समय रहते ही उनके परिणाम से मुक्ति पाई जा सकती है। इससे अपने अंत समय पर एक प्रकार की आत्मिक शांति, आत्मसंतुष्टि का अथवा कर्तव्यपरायणता का आभास तो हो ही सकता है।

इसी बात का ध्यान रखते हुए इस बात पर सोच विचार किया ही जा सकता है कि ऐसी कौन सी बातें होती हैं जो इस प्रकार की प्रवंचना का आधार होती हैं। ऐसी बातें, उन के प्रति सोच ही आगे चल कर ऐसी भावना या ऐसे बोझ, का आधार बनती है। यदि ऐसी बातों को आरम्भ में ही विकसित ना होने दिया जाए तो फिर कोई भी कारण नहीं कि यह आगे चल कर किसी बड़े रूप में सामने आयें।

इस संबंध में मुख्य रूप से व्यक्ति के असफल संबंधों का उस पर बहुत अधिक प्रभाव होता है। कई बार भावावेश में मनुष्य कुछ ऐसे निर्णय ले लेता है जो कि उसका मस्तिष्क तो स्वीकार कर लेता है किन्तु उसका दिल उन्हें कभी भी स्वीकार नहीं कर पाता। ऐसे संबंधों को कभी भी सफल नहीं कहा जा सकता। इस प्रकार के सम्बन्ध जो जीवन में असफल होते हैं, उनका प्रभाव कभी कभी तो समय के साथ साथ धूमिल हो जाता है किन्तु कभी कभी उनको बहुत ही गहन एवं भयावह रूप में देखने को मिलता है।

राज ऋषि शर्मा

दूसरा कारण हो सकता है खोया हुआ समय। कई बार मनुष्य अपनी अज्ञानता अथवा नादानी में अपने जीवन का बहुत सा बहुमूल्य समय खो देता है, जो फिर कभी भी उसके हाथ में नहीं आ सकता। इससे उसका सम्पूर्ण जीवन ही प्रभावित हो जाता है। जिसका दुःख व वेदना फिर उसे जीवन भर ही सालती रहती है। जीवन के अंत तक।

राज ऋषि शर्मा

(9)

अब इसमें एक ओर भी रोचक बात है। मृत्यु के अंतिम समय में किन्हीं बातों पर तो पछतावा होता ही है कि काश ! मैं ऐसा कर पाता। मैं ऐसे कार्य को करता तो कितना अच्छा होता अथवा अमुक कार्य को ना करता तो कितना अच्छा होता किन्तु इसके साथ ही बहुत बार मनुष्य को अपनी अधूरी रही आरजूओं का भी स्मरण होने लगता है।

काश ! ऐसा होता तो कितना अच्छा होता। काश ! मैं बहुत बड़ा इंडस्ट्रियलिस्ट होता। काश ! मैं किसी बहुत बड़े सरकारी पद पर होता। काश ! मैं बहुत बड़ा स्पेशलिस्ट डॉक्टर होता या फिर, काश ! मेरी अमुक लड़की या लडके से शादी हो गई होती।

यह उस समय पर होने वाला किसी प्रकार का पछतावा नहीं है। यह ऐसे समय पर स्मरण होने वाली मनुष्य की अधूरी इच्छाएं हैं, जो मात्र एक प्रकार के संस्मरण हैं। संस्मरण तथा पछतावा में बहुत अंतर है। संस्मरण में आपके वश में कुछ नहीं होता, जबकि

राज ऋषि शर्मा

पछतावे में एक निश्चित समय अवधि के भीतर आपके हाथ में बहुत कुछ होता है, बल्कि सब कुछ होता है। उस समय चैतन्य होने पर आप इच्छानुसार सब कुछ कर सकते हैं जिससे कि आप को जीवन के इस पढ़ाव पर किसी भी प्रकार का कोई शोक या पछतावा नहीं होता किन्तु संस्मरण में आपके हाथ में ऐसा कुछ भी नहीं होता। आप अपनी इच्छा अनुसार कुछ भी नहीं कर सकते। आप इसे मात्र स्मरण ही कर सकते हैं। यह पल कल्पना में ही जी सकते हैं।

कोई भी अपने अंतिम समय पर पछतावे के रूप में इस इच्छा को तो प्रकट कर सकता है कि उसने ऐसा कर लिया होता तो कैसा होता किन्तु यह नहीं कह सकता कि ऐसा नहीं किया होता तो कैसा होता। 'कर लेने' या 'नहीं कर लेने' में अपना ही सदैव अपना ही दोष प्रकट होता है किन्तु 'हुआ होने' में अपना दोष प्रकट नहीं होता।

इसलिए 'मरने से पहले' के समय में हम अपनी इच्छाओं को तो पूरा करने के लिए प्रयास कर सकते हैं किन्तु अपने संस्मरणों की अभिव्यक्ति अथवा उनके परिणाम के लिए कुछ भी नहीं कर सकते। यही हमारी विवशता भी है और यही हमारी नियति भी।

एक व्यक्ति अपने अंतिम समय पर इस बात पर तो पश्चाताप कर सकता है कि उस के ऐसा करने पर दूसरे को किस प्रकार की क्षति हुई। यदि उसने अपने बेटे-बेटी या अन्य किसी के साथ ऐसा

राज ऋषि शर्मा

व्यवहार किया होता तो आज उनका जीवन कितना प्रसन्न होता। आज के समय में यदि उस के जीवन में किसी भी प्रकार की उमंग या उल्लास नहीं है तो उस के स्वयं के कृत्य के कारण ही ऐसा है। यह एक पछतावा है।

काश ! मेरे बेटे ने जीवन में इतनी उन्नति की होती या उसे जीवन की सारी प्रसन्नता मिल गयी होती। ऐसा सोचना स्वाभाविक है। इसमें उसका कोई भी दोष नहीं होता किन्तु इसके लिए दिल में एक प्रकार का अपराध बोध सा जमा अवश्य ही हो जाता है। जबकि यह एक इच्छा मात्र ही है। जो पूर्ण हो भी सकती थी, नहीं भी। किसी भी इच्छा को पूर्ण न हो पाने पर कभी कभी पछतावा नहीं भी होता। पछतावा सदैव इस बात पर ही होता है जिसके लिए आप अपने आप को दोषी समझते हैं। अपने जीवन में आपने क्या किया। कैसे किया और क्यों किया। जीवन में किसी की सोच कैसी थी। जो उसके किये हुए या न किये गए कृत पर निर्भर करता है।

अपराध बोध सदैव ही उस बात पर होता है जिस पर अपना वश होते हुए भी कुछ किया न जा सका हो कि ऐसा क्यों नहीं हो सका अथवा ऐसा क्यों नहीं किया गया। जबकि ऐसा बहुत ही सुगमता से किया जा सकता था। ऐसा न किये जाने पर किस प्रकार की हानि हुई है। इस पर जीवन के अंतिम क्षणों में पछताना ही होता है

राज ऋषि शर्मा

और यह बहुत कष्टदायक होता है।

इच्छाओं को पूर्ण होना मन को प्रसन्नता तो देता है किन्तु किसी विशेष कार्य का न हो पाना जीवन के अंत के समय को एक प्रकार के पछतावे से भर देता है। जिससे मृत्यु के चरम बिंदु पर पहुंच कर उसे लांघने के पश्चात ही मुक्ति की प्राप्ति हो सकती है।

इसलिए जब हमें जीवन के अंतिम समय में किसी भी प्रकार के अपराध बोध अथवा पछतावा से मुक्त होना है तो ऐसे कार्य को करने में सदैव ही प्राथमिकता देनी चाहिए जो कि किसी भी प्रकार से हमारे परिवार अथवा दूसरों के लिए उपयोगी हो सकता है। ऐसी किसी भी इच्छा को जो हमारे लिए आगे चल कर हमारे लिए ही पछतावे का कारण बन सकती हो उसे उत्पन्न ही नहीं होने देना है। तभी समय के इस पढ़ाव पर निश्चिंत हुआ जा सकता है तथा ऐसे में आत्मिक शान्ति का अनुभव किया जा सकता है।

इससे किसी भी मनुष्य का जीवन तो एक प्रकार से परिपूर्ण समझा या कहा जा सकता है, उसके साथ ही इसके सम्बन्धियों को भी एक प्रकार की प्रसन्नता का अनुभव हो सकता है।

राज ऋषि शर्मा

कुछ सत्य इस प्रकार के भी होते हैं जिनसे हमारा परिचय आमतौर पर होता ही रहता है। हम क्षणिक आवेश में आकर इससे प्रभावित भी होते हैं। इसके अनुरूप अपने जीवन में आवश्यक परिवर्तन लाने का निर्णय भी लेते हैं किन्तु कुछ ही समय पश्चात हम इसे पूर्णतया भूल भी जाते हैं। यह ऐसा ही होता है जैसे किसी तेलीय सतह पर पड़ी हुई पानी की बूँद के साथ होता है। ऐसा इसलिए ही होता है क्यूंकि ऐसी बातों या किसी घटना का प्रभाव हम पर इतना गहन नहीं होता है जिससे कि हम में कोई भी संभावित परिवर्तन आ सके। मनुष्य में परिवर्तन सदैव ऐसी ही बातों घटनाओं अथवा दुर्घटनाओं से आता है जिनका उसके मनोमस्तिष्क पर बहुत अधिक गहन प्रभाव पड़ता हो। जिससे मनुष्य भीतर तक हिल जाए। उसकी अंतरात्मा प्रभावित होती हो।

मृत्यु के सत्य से कोई भी अपरिचित नहीं है। सभी जानते भी हैं कि मृत्यु एक न एक दिन सभी के साथ अवश्य ही संभावित है। फिर भी हर कोई इसे विस्मृत किये हुए ही रहता है। यदि वास्तव में ही इस सत्य के प्रति मनुष्य गंभीर होता तो कभी भी अन्यायपूर्ण

राज ऋषि शर्मा

तथा अनुचित कार्य करने में रुचि नहीं रखता। कभी भी किसी भी प्रकार का कोई अपराध नहीं करता। सदैव मानवता हेतु यथोचित एवं सर्वोच्च कार्य को ही प्राथमिकता देता। जबकि ऐसा होता नहीं है। जब भी कभी किसी मनुष्य को जीवन की वास्तविकता अथवा किसी न किसी रूप में मृत्यु से परिचय होता है तो कुछ क्षण के लिए उसके ज्ञान चक्षु खुल जाते हैं किन्तु यदि मनुष्य इसके लिए संवेदनशील नहीं है तो तुरंत ही वो फिर से भ्रमित भी हो जाता है।

इस बात से तो सभी परिचित हैं ही कि जब भी कोई मनुष्य किसी के अंतिम संस्कार के लिए श्मशान घाट पर जाता है तो उस समय कुछ समय के लिए उसे मृत्यु की वास्तविकता का एक बार फिर से स्मरण हो जाता है। वह कितनी देर तक ऐसे वातावरण में रहता है उसे मृत्यु की वास्तविकता के साथ साथ ही जीवन की सत्यता तथा अपने मूल का भी आभास होता है किन्तु इस स्थान पर से जाने के पश्चात ही सब कुछ उसके लिए फिर से विस्मृत हो जाता है। फिर से वह अपने दैनिक क्रियाकलाप में पूर्व की भांति ही लिप्त हो जाता है।

यह सब शायद इसलिए होता है कि सब कुछ जानते हुए भी उस समय भी मनुष्य एक प्रकार से इस सत्य से अनभिज्ञ ही रहता है कि ऐसी ही घटना कल को उसके साथ भी घटित होनी है। इसलिए ही इसका प्रभाव उस पर इतना गहन नहीं होता। यह

राज ऋषि शर्मा

प्रभाव उस पर उस समय और भी अधिक गहन होता यदि यह घटना अथवा दुर्घटना अधिक कष्टदायक होती। यदि उस समय उसे अधिक मौतें देखने को मिलती। उसके सामने एक के स्थान पर अधिक मृत शरीर देखने को मिलते। उसके सामने अधिक रुदन प्रलाप होता। जिससे कि उसका हृदय विदीर्ण हो जाता।

सरदार खुशवंत सिंह ने अपने जीवन में अपनी मां को कैंसर से तिल तिल कर मरते देखा। उन्होंने अपने पिता की दुर्घटना में हुई मौत को भी देखा। इन घटनाओं से उसके जीवन पर बहुत अधिक प्रभाव पड़ा। उसने अपने परिजनों को मौत के आगोश में समाते हुए भी देखा तथा बिछोह के दर्द को भी सहन किया था किन्तु इस सब से भी अधिक जब उन्होंने २०१९ में करोना से हुए नरसंहार को देखा तो उसका जीवन कुछ इस प्रकार से प्रभावित हुआ कि वो स्वयं सहयोगी के रूप में सामने आये और उन्होंने इस प्रकार बीमारी से प्रभावित लोगों के इलाज़ में तथा असंख्य शवों के दाह-संस्कार में यथोचित सहायता की जो देशवासियों के लिए एक उदाहरण बन कर रह गई।

खुशवंत सिंह का कहना है कि यदि उस समय पर भी उनकी आत्मा जागरूक नहीं हुई होती तो क्या वह जीवन के अंतिम समय पर जब वह मृत्यु शैया पर पड़े होते, तो क्या वह अपने आप को कभी भी माफ़ कर पाते। शायद कभी भी नहीं।

राज ऋषि शर्मा

कुछ ऐसे ही सत्य से परिचित होना है तो कुछ पल के लिए हॉस्पिटल के उस वार्ड में जा कर देखा जा सकता है यहां पर रोगी मृत्यु से अंतिम पल तक भी लड़ रहे होते हैं। उसके साथ सम्बन्धी तथा परिवार के अन्य सदस्य भी उनके जीवन को बचाने के लिए भरसक प्रयास कर रहे होते हैं, उनके जीवन के लिए दुआएं मांग रहे होते हैं।

उस समय मनुष्य इस सब से प्रभावित तो होता है किन्तु जितना अधिक दुःख, जितनी अधिक मानसिक वेदना, उतना ही अधिक देर तक इसका उस पर प्रभाव भी रहता है। जितना यह प्रभाव उस पर अधिक स्थाई होगा, उसी के अनुरूप ही मनुष्य में संभावित परिवर्तन भी होगा। यह परिवर्तन ही मनुष्य में इस प्रकार का स्थाई परिवर्तन लाने में सक्षम होता है जो कि उसके 'मरने से पहले' के समय को प्रभावित करता है।

किसी के भी जीवन का कोई भी भरोसा नहीं होता है। सभी के लिए ही यह जीवन क्षणभंगुर है। जब तक जीवन है, जब तक भी यह सांस है, तब तक मनुष्य को मानवोचित कार्य करते ही रहना चाहिए। दूसरों के लिए जीना ही सही में जीना है। यह एक विचार हो सकता है। जिससे मनुष्य एक सफल जीवन जीने में सक्षम हो सकता है।

राज ऋषि शर्मा

दूसरा विचार ! काश ! मेरा जीवन जितना भी है उससे लम्बा हो जाए। मुझे अधिक जीवन जीने को मिल जाए। इसके लिए मुझे क्या करना है ? क्या करना चाहिए ? इसके लिए अब मुझे अपने स्वास्थ्य का ध्यान रखना है तथा इसके साथ साथ ही परिवार का भी ध्यान रखना है। मेरी पत्नी, मेरे बच्चे, मेरे माता पिता। मेरा परिवार मुझ पर आश्रित है।

आज से मुझे अपने काम अथवा अपने कर्तव्य की ओर ही अत्यधिक ध्यान देना है। यही जीवन है और इसका उद्देश्य भी।

तृतीय विचार ! यह भी हो सकता है कि आज से मैं अपनी सभी बुरी आदतें छोड़ दूंगा। बुरे लोगों का साथ। बुरी आदतें। इन सब को छोड़ दूंगा। अपने आप को पूर्णतया ही बदल डालूंगा।

चतुर्थ विचार ! यह हो सकता है कि आज तक जो भी मैंने किया है क्या वह सब उचित था। यदि उचित नहीं था तो ऐसा मुझे नहीं करना चाहिए था। यदि इसमें कुछ सुधार किया जा सकता होगा तो ऐसा करने का मैं प्रयास करूंगा।

इस समय मनुष्य को अपने जीवन जीने के ढंग का भी ध्यान हो आता है। आज तक मैं दूसरों के लिए ही जीता आया हूँ। अपने लिए कुछ नहीं किया। अपने लिए कभी सोचा ही नहीं। आज के

राज ऋषि शर्मा

पश्चात अपने लिए भी सोचना है। अपने लिए भी जीना है। आज तक मैं सदैव दूसरों से प्रभावित होता आया हूँ, आज के पश्चात यह जीवन मुझे अपने ही ढंग से जीना है।

इस समय की समझ एवं इस समय लिए हुए निर्णय मनुष्य के जीवन को कुछ इस प्रकार से प्रभावित करते हैं कि उसकी अंतिम अवस्था में उसके लिए अधिक पछतावा शेष नहीं होता।

जब भी किसी मनुष्य का आंतरिक अथवा आत्मिक इच्छाशक्ति के अनुसार जीवन यापन होगा तो फिर उसके जीवन में पूर्णरुपेण संतुष्टि का ही आगमन भी होगा। जिससे उसका अंत भी बहुत ही शांतिमय होगा।

यह एक प्रकार की मनुष्य के जीवन की एक विडंबना ही है कि मनुष्य जीवन की इस सच्चाई को तब तक नहीं समझ पता जब तक कि उसका प्रभाव उसके स्वयं के जीवन पर ना होता हो। इस विषय में कैथी कैप्रिनो का कहना है कि उन्हें 'द टॉप फाइव रिग्रेट्स ऑफ डाइंग लाइफ' के लेखक ब्रोनी वेयर के इस कथन ने इतना प्रभावित किया है कि आमतौर पर लोग तब तक इस बात पर ध्यान नहीं देते या इसे नहीं समझ पाते हैं जब तक कि उनके जीवन में बहुत देर नहीं हो गयी होती है।

राज ऋषि शर्मा

मनुष्य के जीवन में जितने भी प्रकार के पछतावे होते हैं, जब यथासंभव उनमें से अत्यधिक का विश्लेषण करने का एवं उन पर मनन करने का प्रयास किया जाए तो जीवन में बहुत कुछ ऐसा भी अनुभव किया जा सकता है जिससे कि जीवन के अंतिम समय में उसे पूर्ण आत्मिक संतुष्टि का आभास हो तथा किसी भी प्रकार के पछतावे का स्थान उसके जीवन के अंत में शेष न रहे।

इसका विश्लेषण होने पर अथवा समझ में आ जाने पर यथासंभव इस बात का ही प्रयास किया जाना चाहिए जिससे कि ऐसी बातों का जीवन में प्रवेश कम ही होने दिया जाए।

इसके लिए सर्वप्रथम इस बात का ध्यान रखा जाए कि अपना अधिक से अधिक समय ऐसे लोगों के साथ व्यतीत करने का प्रयास करें जिन्हें कि आप अपने जीवन में बहुत प्यार करते हैं। क्यूंकि एक बार हाथ से निकल गया समय फिर कभी भी जीवन में लौट कर नहीं आता। ऐसी बातें भी कभी कभी जीवन के अंत समय के लिए एक प्रकार का पछतावा बन कर रह जाती हैं।

राज ऋषि शर्मा

जीवन में कम से कम बातों के लिए ही चिंता करनी चाहिए। चिंता सदैव ही किसी को भी ऐसी बातों के लिए ही प्रेरित करती है जो उसके लिए उसकी पहुँच से परे की होती हैं। जो बातें अपने अधिकार में नहीं होती, चिंता ऐसी ही बातों के लिए होती है। ऐसी ही बातें जीवन के अंत समय में किसी के लिए भी उसके पछतावे का कारण बनती हैं।

यथा संभव किसी को भी अपनी भूल मान लिए जाने पर उसे इसके लिए क्षमा ही करने का प्रयास करें। कभी कभी इस बात का भी बहुत पछतावा होता है कि किसी द्वारा अपनी भूल मान लिए जाने पर भी अनायास ही मैंने उसे प्रताड़ित क्यों किया। यदि मैं चाहता तो उसे क्षमा भी प्रदान कर सकता था। ऐसा सोचने से अथवा ऐसा करने से किसी प्रकार के संभावित कष्ट की अपेक्षा आत्मिक संतुष्टि तथा आनंद की ही प्राप्ति होगी।

जीवन के किसी भी पल में अपनी प्रसन्नता तथा संतुष्टि के लिए किसी भी प्रकार के दबाव में ना आएं। ना किसी दूसरे के दबाव में तथा ना ही अपने ही किसी प्रकार के मानसिक दबाव में ही आयें। अपने मन को मार कर परिस्थितिवश समझौता कर लेना किसी न किसी पल मनुष्य के लिए कष्टदायक होता ही है अथवा पछतावे का ही रूप धारण कर लेता है। दुनिया में आपके अपनत्व से बढ़कर किसी के लिए कुछ भी नहीं है।

राज ऋषि शर्मा

जीवन सदैव ही अपने नियम तथा अपनी शर्तों के अनुसार ही जीने का प्रयास करें बशर्ते कि यह सब एक मर्यादित सीमा के भीतर हो। इसमें सच्चाई तथा ईमानदारी को ही श्रेय देने को प्राथमिकता दें। जब भी इस के विरुद्ध जाने का प्रयास किया जाएगा, यह सब किसी न किसी रूप में आपके लिए असहनीय ही बनता जाएगा।

इस बात को हमेशा ही स्मरण रखें कि यदि आप अपने जीवन के स्वामी नहीं बन सकते तो ये जीवन आपका स्वामी बन जाएगा। जो आपके जीवन के अंत समय में आपके लिए अत्यंत ही दुष्कर प्रमाणित होगा। इसलिए जीवन सदैव अपनी इच्छा अनुसार ही व्यतीत करने का प्रयास करें। जीवन में अपनी पसंद का ही कोई भी कार्य या व्यवसाय करें तथा अपने मनपसंद साथी के साथ ही जीवन व्यतीत भी करें।

किसी के लिए भी उसके जीवन में दृढ़ इच्छा शक्ति तथा निर्णायक क्षमता का होना अति आवश्यक है। जिसके अभाव में कोई भी मनुष्य अपनी क्षमतानुसार जीवन नहीं जी सकता। जिसके परिणामस्वरूप उसके जीवन में बहुत सा अभाव रह ही जाता है। जो फिर उसके जीवन के अंतिम क्षणों में उसके लिए पछतावे के रूप में सामने आ जाता है।

मुख्य रूप से एक बात का पछतावा तो आमतौर पर जीवन में

राज ऋषि शर्मा

सभी को ही होता है और वो है समय की कमी का। काश ! मेरे पास कुछ अधिक समय शेष होता तो मैं ऐसा कर सकता था या वैसा कर लेता। काश ! मेरे पास बहुत सा समय होता। जीवन ने मुझे कुछ भी करने का समय ही नहीं दिया। फिर मनुष्य के लिए यह उचित भी है कि जितना भी समय उसे जीवन में मिला है उसका ही सदुपयोग किया जाए ताकि जीवन के अंत में उसे इस बात पर तो ना पछताना पड़े कि मुझे जीवन में कुछ भी करने का समय ही नहीं मिला।

जीवन में यदि किसी को भी आंतरिक रूप से सर्वाधिक पछतावा होता है तो वो इस बात का ही होता है कि वो अपने आप को जीवन में प्रसन्न नहीं रख पाया। शेष सभी बातें बाद में आती हैं कि वह ऐसा नहीं कर पाया या वैसा नहीं कर पाया। इस सब के मूल में मनुष्य की प्रसन्नता ही निहित होती है जो उसे प्राप्त नहीं हो पाई होती है। यदि वह अपने जीवन में अपनी इच्छानुसार सब कुछ कर पाया होता तो निश्चित रूप से ही जीवन में मन की आंतरिक प्रसन्नता तथा शांति से वंचित ना रहा होता।

इस सब से सहज ही किसी को भी इस बात की अनुभूति हो सकती है कि जीवन में निश्चित रूप से ऐसा ही किया जाना चाहिए। इसे ऐसे ही जीना चाहिए। इसे ऐसे ही व्यतीत किया जाना चाहिए। जिससे कि जीवन में ऐसा कुछ भी अधूरा ना रह जाए, जो जीवन

राज ऋषि शर्मा

जीवन के अंत काल में किसी के लिए भी किसी भी प्रकार के पछतावे के रूप में सामने आये।

राज ऋषि शर्मा

अभी तक जितनी भी बातचीत हुई वो इस विषय पर ही हुई है, जबकि मनुष्य अपनी मृत्यु के अत्यंत समीप मृत्यु शैया पर होता है और कुछ ही समय पश्चात उसकी मौत हो जाने वाली होती है, उस समय से सम्बंधित समय काल की। उस समय की, जब मनुष्य के पास अपने पूर्वकाल के विषय में सोचने विचारने का थोड़ा सा समय होता है। जब ऐसी स्थिति उसके सामने होती है कि उसे अब तक अतीत के सारे क्रियाकलाप की सुधि होती है। जब सही अथवा गलत के प्रति कोई भी निर्णय कर सकने की उसमें क्षमता होती है।

किन्तु कभी कभी किसी के पास इतना समय ही नहीं होता। उसे अपने जीवन में किसी भी प्रकार के अच्छे या बुरे कार्यकलाप के विषय में सोचने का समय ही नहीं मिल पाए। सदैव ही ऐसी परिस्थितियां नहीं होती जिन का कि इससे पूर्व वर्णन किया जा चुका है।

जब मनुष्य के पास इतना समय ही नहीं होगा कि वो पूर्व समय

राज ऋषि शर्मा

के विषय में गम्भीरतापूर्वक सोच सके तो उसे किसी भी बात का पछतावा हो ही नहीं सकता। जब किसी भी प्रकार के कष्ट अथवा उत्पीड़न की संभावना ही नहीं होती तो फिर किसी भी प्रकार के पछतावे के होने के प्रति कोई भी सोच भी कैसे सकता है। अब तो जो भी है ठीक ही है जैसी ही अवधारणा ही स्वाभाविक है।

फिर भी इस सम्बन्ध में यह ही कहा जा सकता है कि चाहे परिस्थितियां कैसी भी हों, मनुष्य को अपने 'मरने से पहले' के समय में ऐसे ही कार्यों को प्राथमिकता देनी चाहिए जिससे कि उसे भी अपने जीवन की अंतिमावस्था में किसी भी प्रकार के पछतावे का सामना ना करना पड़े। इसलिए कि अपनी मृत्यु के सम्बन्ध में किसी को भी पहले से ही मालूम नहीं हो सकता।

फिर भी इस सम्बन्ध में इतना ही कहा जा सकता है कि चाहे परिस्थितियां कैसी भी हों, मनुष्य को अपने 'मरने से पहले' के समय में ऐसे ही कार्यों को प्राथमिकता देनी चाहिए जिससे कि उसे भी अपने जीवन की अंतिमावस्था में किसी भी प्रकार के पछतावे का सामना ना करना पड़े क्यूंकि अपनी मृत्यु के सम्बन्ध में किसी को भी पहले से ही तो मालूम हो नहीं सकता। इसलिए ऐसा ही सोच कर कोई भी कार्य किया जा सकता है, जिससे कि जीवन की अंतिम अवस्था में चाहे वो कैसी भी हो, किसी भी प्रकार का पछतावा ना हो तो यह ही उचित है।

राज ऋषि शर्मा

ऐसे समय के लिए हरेक की ऐसी ही इच्छा होगी कि उसका जीवन इस प्रकार से व्यतीत हो जिससे कि उसको अपने अंतिम समय पर किसी भी प्रकार का कोई पछतावा ना हो। उसका अंत काल पूर्ण कष्ट रहित तथा शांतिपूर्ण हो। निश्चित ही सभी को ऐसी ही मनोकामना होती है।

इस समय के विषय में यही सोचा जा सकता है कि चाहे किसी भी मनुष्य का अंत कैसा भी हो, उसकी अकाल मृत्यु हुई हो या स्वाभाविक मृत्यु ! चाहे उसे अपने अंत समय में किसी भी प्रकार का पछतावा हुआ हो या ना हुआ हो। इस समय में भी प्रयास ऐसा ही किया जाना चाहिए ताकि जीवन के किसी भी मोड़ पर अथवा किसी भी पल में उसे किसी भी प्रकार का पछतावा ना होने पाए।

इसके लिए अपने जीवन में मनुष्य को कुछ लक्ष्य निर्धारित कर लेने चाहिए। प्रथम लक्ष्य तो उसका यह होना चाहिए कि उसके जीवन में जो भी कार्य होगा उसकी अंतरात्मा अनुसार उस के अपने साथ साथ ही सभी के लिए श्रेष्ठ तथा हित कर ही होगा। उसका कोई भी कार्य ऐसा नहीं होगा कि जिसके लिए उसे जीवन के किसी भी पल में किसी भी प्रकार के पछतावे का सामना करना पड़े।

जैसे बुद्धिजीवियों द्वारा ऐसा कहा जाता है कि मृत्यु तथा ईश्वर

राज ऋषि शर्मा

का सदैव ही स्मरण रखा जाना चाहिए। उसी प्रकार मनुष्य को अपने शान्ति पूर्ण अंत के लिए ऐसी ही कुछ बातों का भी सदैव स्मरण रखना ही चाहिए, जिससे कि उसके जीवन में वर्तमान के साथ साथ ही अंत काल तक भी शान्ति का ही अनुभव होता रहे। जीवन के किसी भी पल में उसे आत्म ग्लानि अथवा कष्ट ना हो।

इसके लिए यथा समय इन बातों पर मनन करना चाहिए कि ऐसी कौन सी बातें हो सकती हैं जिनके कारण किसी को भी जीवन के अंत में पछताना हो सकता है। ऐसी कौन कौन सी गलतियां हैं

जिन्हें नहीं किया जाना चाहिए अथवा उन्हें सुधारा जा सकता है। ऐसा क्या है जो सभी द्वारा किया जाना चाहिए। ऐसी बातों के प्रति सोच विचार मनुष्य को एक अच्छे तथा श्रेष्ठ जीवन के लिए उत्प्रेरित कर सकता है।

ऐसी बातों को सीखने के लिए अथवा उनका अनुभव करने के लिए यथा संभव असाध्याय बीमारी से त्रस्त तथा मृत्यु शैया पर पड़े हुए व्यक्तियों के सम्पर्क में होकर उनसे उनके जीवन के अनुभव तथा शिक्षाओं को ग्रहण करने का प्रयास करना भी इस दिशा में एक सार्थक प्रयास हो सकता है।

कैथी कैप्रिनो का तो इस विषय में कहना है कि 'मरने के समय

राज ऋषि शर्मा

का पछतावा' वास्तव में ही हमें जीना सिखाता है। उनके इस कथन में किसी भी प्रकार का कोई संदेह नहीं है। ऐसे प्रयास से जीवन में निहित एक कटु सत्य से मनुष्य का परिचय होता है। जिसे जानकार ही मनुष्य जीवन की वास्तविकता से परिचित हो पाता है। इसका लाभ उस समय तो उस भुक्तभोगी को नहीं हो सकता किन्तु यदि इस बात को किसी दूसरे द्वारा पूर्णतया आत्मसात कर लिया जाए तो वास्तव में ही उसे जीना आ जाएगा।

ब्रॉनी वेयर आठ वर्ष तक मृत्यु शैया पर पड़े हुए लोगों के संपर्क में रहे। उनका इस संदर्भ में कहना है कि ऐसे लोगों के अनुभवों ने उनके जीवन को ही पूर्णतया परिवर्तित कर दिया था। उनका कहना है कि ऐसे समय में कुछ मरीजों ने उन्हें बहुत बातें समझाई और ऐसी बातों की सीख भी उन्हें दी कि दूसरे लोग अपने जीवन काल में ऐसी गलतियां ना करें जिससे कि उन्हें भी अपने जीवन काल के अंत में किन्हीं बातों पर पछतावा करना पड़े।

ऐसा अपने जीवन के अंतिम समय में अनुभव प्राप्त, बुद्धिजीवी तथा संवेदनशील मनुष्यों द्वारा किया जाता है। ऐसे लोगों द्वारा ही ऐसी शिक्षा तथा निर्देश दूसरों को दिए जाते हैं ताकि जो वो अपने जीवन में खो चुके हैं दूसरे उन से कुछ शिक्षा प्राप्त करें। दूसरे भी उन से वंचित न रहें। ऐसी बातों को ऐसे लोग अपने जीवन के अंतिम समय में तो करते ही हैं, अपितु प्रबोधन (Enlightenment)

राज ऋषि शर्मा

काल के आरम्भ से सुधि रहने तक भी करते ही रहते हैं।

चैतन्य जी इस सन्दर्भ में कहते हैं, मैंने अपने जीवन में जो भी अच्छा सीखा, अच्छा अनुभव किया, उसे सदैव ही अपने आख्यानों, अपने लेखों तथा अपनी पुस्तकों के माध्यम से दूसरों के साथ साझा करने का प्रयास किया ताकि इससे उन्हें भी जीवन में चुनौतियों का सामना करने, उन से उभरने में तथा एक खुशहाल जीवन जीने में सहायता प्राप्त हो।

मैंने अपने जीवन में बहुत कुछ महसूस किया। मैंने अपने पिता को कैंसर जैसे असाध्य रोग से जूझते हुए देखा। मैंने अपनी माँ को भी घुट घुट कर मरते देखा। मैंने अपने जीवन में बहुत दर्दनाक मंजर भी देखे तथा अनुभव किया कि मैंने अपने जीवन में क्या कुछ खोया है या क्या पाया है। मुझे अपने अब तक के समय में किसी समय पर क्या करना चाहिए था अथवा क्या नहीं करना चाहिए था। मैंने ऐसी बातों को भी अनुभव किया है कि कोई भी मरने वाला व्यक्ति अपने अंत समय में क्या महसूस करता है अथवा कैसी बातों के प्रति पश्चाताप कर सकता है।

ऐसी बातों का दुख अथवा पछतावा तो मुझे अपने जीवन के अंत समय तक भी बना ही रहेगा। तो क्या ऐसे ही अनुभव अथवा शिक्षाओं को मुझे अपने करीबी, परिचित, जिन्हें मैं प्यार करता हूँ

राज ऋषि शर्मा

या जिन को मैं अपना समझता हूँ, ऐसे लोगों के साथ साझा नहीं करना चाहिए था ताकि कम से कम उन्हें तो अपने जीवन के अंत में इस प्रकार का पछतावा ना हो जैसे कि मुझे हो रहा है।

एक व्यक्ति अपने जीवन के अन्तिम समय में महसूस कर रहा था कि वह अपने जीवन में इतना संवेदनशील, इतना शांतिप्रिय भी रहा है, फिर भी देखा जाए तो उसने अपने अब तक के जीवन में दूसरों के लिए क्या किया। वो लोग कितने अच्छे होते हैं जो जीवन में दूसरों के लिए चिकित्सालय का निर्माण करते हैं। दूसरों के लिए धर्मशाला बनाते हैं। अनाथ आश्रमों का निर्माण करते हैं। दूसरों के लिए कुछ ना कुछ करते ही रहते हैं। जीवन में अपने लिए तो सभी कुछ ना कुछ करते ही हैं लेकिन सही मायनों में मनुष्य तो वही होता है जो दूसरों के लिए भी कुछ ना कुछ करता है।

हमें अपने जीवन काल में ऐसे ही लोगों में सम्मिलित होने का प्रयास करना चाहिए। जीवन में ऐसे कार्य करने से जो आत्म संतुष्टि प्राप्त होगी वो जीवन के अंत समय तक तुम्हारे साथ ही जाएगी और यदि मृत्यु के पश्चात भी जीवन है तो यह उस समय भी तुम्हारे साथ ही होगी। लोग मरने के पश्चात भी स्मरण करेंगे कि अमुक व्यक्ति ने यह कार्य किया था। उसने अपनी मृत्यु के कुछ क्षण पूर्व ही मुझसे कहा था, 'आज मैं जिस प्रकार की मृत्यु को प्राप्त हो रहा हूँ, ऐसी मृत्यु बहुत ही कम लोगों को प्राप्त होती है। आज मैं पूर्णतया संतुष्ट

राज ऋषि शर्मा

हूँ। मुझे अपने जीवन में वो सब कुछ ही प्राप्त हुआ जो कि मैं चाहता था या जो किसी को भी उसे अपने जीवन में पूर्ण रूपेण संतुष्टि के लिए मिलना चाहिए। ऐसा ही मैं सभी के लिए भी चाहता हूँ कि सभी को जीवन में प्राप्त हो।

राज ऋषि शर्मा

इस संदर्भ में मनन अथवा विश्लेषण किया जाता है तो एक प्रश्न हमारे सम्मुख आकर प्रकट हो जाता है कि ये तो सही है कि मनुष्य अपनी जीवित अवस्था में बहुत सी भूलें करता है और इसके परिणामस्वरूप उसे अपने जीवन की अंतिम अवस्था में परिस्थितवश पछतावे का भी सामना करना ही पड़ता है, तो फिर ऐसा क्या है जो यदि किया जाता तो उसे इस प्रकार की स्थिति का सामना ना करना पड़ता ?

ऐसी अवस्था में किसी के लिए भी एक प्रकार की जागरूकता की आवश्यकता है। जागरूकता जिसे एक प्रकार से प्रबोधन का प्रारम्भ भी कहा जा सकता है। किसी के भी जीवन में यह सब सहज ही संभव तो नहीं कि वह सहजता से ही प्रबुद्ध हो जाए किन्तु इतना तो संभव है ही कि किसी द्वारा भी जीवन में ऐसे प्रयास अवश्य ही किये जायें जिससे कि उसके जीवन में जागरूकता का समावेश हो। एक प्रकार के प्रकाश का उद्भव हो। जिससे कि उनके लिए सहज जीवन जीने का मार्ग प्रशस्त हो। जो भी काम उसके

राज ऋषि शर्मा

द्वारा किया जाए उससे उसे पूर्ण आत्मिक शान्ति का आभास हो।

एक डॉक्टर का कहना है कि उसके बहुत से मरीज तो ये चाहते थे कि जो कार्य वो लोग अपने जीवन में ना कर सके, दूसरे तो ऐसे कार्य कर ही सकते हैं जो कि उसमें सक्षम हो सकते हैं। इसके लिए दूसरों को उपयुक्त समय पर सही सीख अथवा उपदेश देने के लिए भी प्रोत्साहित किया जाना चाहिए। दूसरे लोगों से भी ऐसी ही बातों को साझा किया जा सकता है जैसी बातों पर मृत्यु के अंतिम समय में दूसरे लोगों को पछतावा हुआ है।

इसके लिए कई लेखकों तथा बुद्धिजीवियों ने इस दिशा में उपयुक्त कार्य किया है। उन का कहना है कि ऐसे ही मृतप्राय रोगियों से मिलकर उनके अनुभवों को सुनते हुए उनसे बहुत कुछ सीखा जा सकता है। इसके लिए उन्होंने अच्छी अच्छी पुस्तकों को पढ़ने तथा लिखने का भी सुझाव दिया है। जिससे कि कम से कम दूसरे लोग तो ऐसी गलतियां ना करें जिस प्रकार की उन पीड़ित लोगों ने अपने जीवन में की हैं।

ऐसे ही लोगों के साथ उनके अनुभवों को साझा करने वाले एक डॉक्टर ने बताया कि ऐसे मृतप्राय: लोगों की उनके अंतिम समय में किये जा रहे पछतावे की बातें सुनकर तो उसका जीवन पूर्णतया ही परिवर्तित हो गया। जैसे ही उसने स्वयं को उन जैसी परिस्थिति में

राज ऋषि शर्मा

आभासित किया और उस पर गहनता पूर्वक मनन करने का प्रयास किया तो स्वयमेव ही उन्हें उनकी इस समय की ऐसी अवस्था का भान होने लगा कि वो लोग कैसी परिस्थितियों में से गुजर रहे हो सकते हैं और ऐसा अनुभव करते ही सब कुछ स्वयं ही उसकी समझ में आता चला गया।

किसी के लिए भी उसकी मृत्यु इतनी कष्टदायक नहीं हो सकती जितना कि उस समय पर अपनी जीवित अवस्था में किये गए कार्यों के अनुभव का स्मरण मात्र उसके लिए कष्टदायक हो सकता है। इस बात को ऐसे व्यक्ति को देख कर अनुभव किया जा सकता है जो बोल कर या चीख कर अपनी अभिव्यक्ति नहीं कर सकता। सबसे अधिक कष्ट में ऐसा ही व्यक्ति हो सकता है जो अपने कष्ट को किसी भी प्रकार से अभिव्यक्त नहीं कर सकता।

एक ऐसा व्यक्ति जिसके फेफड़ों में कैंसर है। वह हॉस्पिटल में दाखिल है। उसे क्या कष्ट हो रहा हो सकता है, इसका तो उपभोगी को ही आभास हो सकता है, फिर भी इसकी एक सीमा तक सहज कल्पना तो की ही जा सकती है किन्तु इसके उपरांत भी जब उसे हॉस्पिटल में मिलने जाया जाता है तो वह बहुत ही शांत चित्त अवस्था में लेटा हुआ मिलता है। किसी भी प्रकार की वेदना का भाव उसके चेहरे के हाव भाव से प्रकट नहीं हो रही है।

राज ऋषि शर्मा

मृत्यु के समय सबसे अधिक कष्ट मनुष्य को अपने अंतिम समय पर होने वाले मानसिक संताप से ही होता है। मृत्यु इतनी कष्टदायक नहीं है जितना कि मनुष्य स्वयं इसे अपने लिए अनुभव करता है या बना लेता है। अपने उस जीवन को खो देने का आभास तथा इस बात का दुःख, जिसमें कि उसके द्वारा वो सब नहीं किया जा सका जिसे करने की उसकी उत्कंठा थी, जो कि कभी भी पूर्ण ना हो सकी। सर्वाधिक दुःख तथा मानसिक संताप उसे ऐसी ही सोच पर होता है जितना अधिक इस बात का उसे आभास अथवा दुःख होगा उतना ही उसके लिए यह समय अधिक कष्टदायक तथा दुखदाई होगा।

यही कारण है कि अकाल मृत्यु के समय मनुष्य को सर्वाधिक दुःख तथा पीड़ा का आभास होता है। ऐसी आकस्मिक मृत्यु का तो उसे किंचित आभास भी नहीं होता। ऐसी बात को वह किसी भी अवस्था में स्वीकार ही नहीं कर पा रहा होता है। जबकि स्वाभाविक मृत्यु उसके लिए सरलता से ग्राह्य होती है। इसी लिए ऐसी मौत उसके लिए इतनी अधिक दुखदाय तथा कष्टदायक नहीं होती। इसे एक प्रकार से मनुष्य चाहे विवशता में ही सही वह अपने लिए स्वीकार कर चुका होता है। इसे उसने अपनी नियति मान लिया होता है।

जीवन के साथ सम्बन्ध के टूटने का दर्द इतना गहरा नहीं है

राज ऋषि शर्मा

जितना कि अपनी इच्छाओं की अपूर्णता के साथ असहाय अवस्था में मृत्यु शैया पर लेट कर अंतिम समय की प्रतीक्षा करना।

ऐसे समय में यदि किसी को भी आवश्यकता है तो वो है आत्मिक शान्ति की जो उसे उसके आत्मबल से ही प्राप्त हो सकती है और इसके मूल में निहित है मनुष्य को आत्मबोध तथा इसका ज्ञान। जिसके लिए आवश्यकता है आध्यात्मिक विचारधारा की और जो मनुष्य को निरंतर चिंतन अभ्यास तथा मनन से ही प्राप्त हो सकती है।

जीवन में बहुत कुछ ऐसा भी होता है जिस पर मनुष्य का कभी भी कोई वश नहीं होता। उस अवस्था में मनुष्य सदैव विवश हो कर ही रह जाता है। चाह कर भी उस द्वारा कुछ नहीं किया जा सकता। ऐसी अवस्था में किसी के लिए भी इस प्रकार की भावना से ओतप्रोत हो जाना सहज ही है कि वो अपने जीवन में कुछ भी नहीं कर सका किन्तु ऐसी अवस्था में भी संयमी होने का प्रयास तो किया ही जा सकता है। जिस स्थिति में आपके हाथ में कुछ भी नहीं है, उस अवस्था में जब कोई भी कुछ कर पाने में समर्थ नहीं है तो फिर किया भी क्या जा सकता है ? आप कर भी क्या सकते हैं ?

एक परिवार में मुखिया की एक बहन अपने जन्म से ही असामान्य थी। परिवार में यहाँ तक भी संभव हो सका सभी ने उस

राज ऋषि शर्मा

के लिए यथोचित उपचार का प्रयास किया। यथासंभव जो कुछ भी हो सका उसके लिए किया गया किन्तु फिर भी इसका कोई भी लाभ नहीं हो सका। ऐसी असहाय अवस्था के लिए परिवार के किसी भी सदस्य को ऐसा सोचना स्वाभाविक ही है कि वो अपने इस परिजन के लिए कुछ भी कर पाने में सफल ना हो सका।

जीवन में जितना भी संभव हो सका उतना तो उन्होंने किया ही। पाल पोस कर उसे बड़ा किया। जीवन पर्यन्त उसका उपचार तथा सेवा श्रूषा की। उसकी शादी भी कर दी। अब इस बात पर तो उसे मानसिक शान्ति का आभास होना ही चाहिए कि उसने अपने कर्तव्य का पूर्णतया निर्वाह किया। इसके अतिरिक्त वो लोग उसके लिए कर भी क्या सकते थे। अब जो उनके वश में ही नहीं था उसे उन द्वारा किया भी कैसे जा सकता था।

अब ऐसी बातों पर दुखी होना कि वो उसके लिए कुछ भी ना कर सके या जीवन के अंतिम समय में ऐसी बातों के लिए मन पर बोझ रखना कतई भी उचित नहीं कहा जा सकता। मनुष्य के लिए इस बात पर संतोष ही बहुत है कि उसका जीवन एक सच्चा तथा कर्तव्यपरायण जीवन रहा। उसके लिए सर्वाधिक महत्वपूर्ण उसकी आत्मिक संतुष्टि ही है।

मानवीय संवेदना के अंतर्गत ऐसा होना स्वाभाविक तो है किन्तु

राज ऋषि शर्मा

सर्वथा इसे सही भी नहीं कहा जा सकता। बात यह नहीं है। बात यह है कि आप ने जो भी प्रयास किया वो दूसरे के भले के लिए ही किया। इसकी सफलता के लिए ही किया। अब इस प्रयास में सफलता मिले या ना मिले, यह तो आपके हाथ में नहीं है। इस बात के लिए तो अपने आप को किसी भी प्रकार के दोष देने की अपेक्षा स्वयं में आत्म संतोष का ही अनुभव किया जाना चाहिए कि आपने इसके लिए भरसक निस्वार्थ भाव से लिए प्रयास तो किया।

(१४)

अंत में इस एक बात की भी विवेचना आवश्यक है कि अपनी मृत्यु की अंतिम अवस्था के चरम बिंदु पर जब मनुष्य की इस नश्वर काया से मुक्ति प्राप्त होने ही वाली होती है, उसे अपने अभी तक के जीवन काल में किये गए सभी कार्यों व उपलब्धियों का पुन: स्मरण होने लगता है। ऐसे में उसे बहुत सी बातों पर पछतावा भी होने लगता है कि काश ! ऐसा भी हो पाता या ऐसा भी किया जा सकता। ऐसे में एक बात बहुत ध्यान रखने योग्य यह भी है कि अपने जीवन में 'मरने से पहले' के समय में जो भी उचित अथवा अनुचित कार्य किये होते हैं उनमें से सभी पर ही आपको पछतावा नहीं होता। बहुत से कार्य ऐसे भी होते हैं जिनकी मस्तिष्क में केवल स्मृति ही होती है, उनके प्रति किसी भी प्रकार का कोई पछतावा नहीं होता। ऐसे कार्यों की स्मृति से मनुष्य को हार्दिक प्रसन्नता का ही आभास होता है।

बहुत सी बातें अच्छी भी होती हैं एवं बुरी भी। उन सभी के लिए मनो मस्तिष्क में इतनी ही विचार भावना या स्मृति होती है कि ऐसा

राज ऋषि शर्मा

जीवन में हुआ है। जो जीवन में एक प्रकार का इतिहास मात्र ही बन कर रह गया है। पछतावा जीवन में ऐसी बातों के लिए भी होता है, जिसके होने से या ना होने से जीवन के साथ ही इतिहास भी बदल जाता है। जिसके होने से या ना होने से जीवन के साथ ही इतिहास भी बदल जाता है।

इसी कारण से ऐसे समय पर प्रत्येक मनुष्य को अपने सम्पूर्ण जीवन काल की स्मृति उपलब्ध हो जाती है। जिसमें उस को अपने 'जीवन के बाद' की तथा 'मरने से पहले' के काल की पूर्ण स्मृति होती है। कभी तो अच्छी स्मृतियाँ के कारण मनुष्य के चेहरे पर स्निग्ध सी मुस्कान भी उभर आती है एवं कभी कभी विषाद की रेखाएं भी उभर जाती हैं। इस प्रकार की बातों अथवा स्मृति से किसी भी प्रकार का पछतावा नहीं होता। यह केवल स्मृतियाँ मात्र ही होती हैं। पछतावा मनुष्य को अपने जीवन में कभी भी उस की स्मृतियों पर नहीं होता। यह सदैव ही उसे उसके अपने ऐसे क्रियाकलापों पर होता है जिससे उसका अपना या कभी कभी दूसरों का भी जीवन प्रभावित होता है।

महाभारत के महान चरित्र भीष्म पितामह को क्या अपने जीवन में किसी भी घटना या दुर्घटना का कोई पछतावा नहीं था। वो तो जीवन में अपने पिता को दिए हुए एकमात्र वचन को निभाने के लिए ही बहुत सी गलतियां करते चले गए। सब कुछ जानते हुए भी

राज ऋषि शर्मा

उन्होंने गलत लोगों का साथ दिया।

श्री कृष्ण जी ने गीता में कहा भी है कि कभी कभी मनुष्य को आदर्श प्रिय बने रहने एवं सदाचार को निभाने वाली उसकी महत्वाकांक्षा ही जीवन में उसको ले डूबती है। यदि भीष्म पितामह ने भी अपने पिता को दिए हुए अपने एकमात्र वचन का निर्वाह ना किया होता, उसे तोड़ दिया होता तो आज शायद इतिहास की दिशा ही कुछ ओर होती।

अपनी इस भूल का जीवन में 'मरने से पहले' के समय में उन्हें भी बहुत पछतावा था। उन्हें भी दुर्योधन जैसे गलत लोगों का साथ देने का दुःख था। यह उनके द्वारा अपने जीवन में किया गया एक ऐसा ही कर्म था, जो उन्हें ना चाहते हुए भी विवशतावश करना पड़ा था। जिसकी कभी भी कोई भरपाई नहीं हो सकती थी और इसी बात का ही उन्हें अपने जीवन के अंतिम खानों में पछतावा भी था। यह एक प्रकार से उनका दुर्भाग्य ही था।

इस बात को उन्होंने अपने अंतिम समय में द्रोपदी के समक्ष प्रकट भी किया था कि किस प्रकार से वह अपने पिता की दिए हुए वचन को निभाने के लिए ही सदैव गलत लोगों का गलत बातों के लिए ही साथ देते चले गए। यदि उन्होंने कभी ऐसा ना किया होता तो शायद इस युद्ध में इतने लोगों की जान ना गयी होती। इस

राज ऋषि शर्मा

प्रकार से असंख्य लोग अनाथ तथा बेघर ना हुए होते। पांडवों को भी कभी अन्याय का सामना ना करना पड़ता। ऐसे किये गए कर्म पर जीवन के अंतिम क्षणों में उनका इस प्रकार से पछतावा स्वाभाविक ही था।

ऐसी कथा रामायण काल की भी है, जब राजा दशरथ ने युद्ध काल में अपनी चाहती रानी कैकेयी द्वारा उनके प्राण बचाने पर उस से अपनी इच्छा अनुसार कोई तीन वरदान माँगने के लिए कहा था। जिसके लिए तब रानी कैकेयी ने मुस्कुराते हुए कहा था कि वो समय आने पर मांग लेंगी।

फिर कालान्तर में जब राजा दशरथ ने अपने बड़े बेटे राम को राजा बनाना चाहा तो उस समय रानी कैकेयी ने अपनी दासी मंथरा के बहकाने पर राजा दशरथ से तीन वर मांग लिए।

प्रथम राम को राजा ना बनाया जाए। दूसरा राम के स्थान पर अपने बेटे भरत को राजा बनाया जाए और राम को चौदह वर्ष का वनवास दे दिया जाए। हालांकि उन्होंने रानी कैकेयी को समझाने तथा मनाने का भी बहुत प्रयास किया किन्तु रानी की जिद्द के समक्ष वो विवश हो कर रह गए। जिसके परिणाम स्वरुप वो मूर्च्छित होकर गिर पड़े और बीमार हो कर सदा के लिए शैया पकड़ ली।

राज ऋषि शर्मा

यह था राजा दशरथ का बिना सोचे समझे रानी कैकेयी को दिए हुए वरदान पर अपने जीवन के अंतिम क्षणों में होने वाला सबसे बड़ा पछतावा। यह एक ऐसा ही पछतावा था जिसका इसके अतिरिक्त कोई भी अन्य समाधान नहीं हो सकता था कि राजा दशरथ अपने दिए हुए वचन से मुकर जाते और राम को राजा बनाये जाने के न्यायोचित निर्णय पर ही अडिग रहते। इसी से वो अपने जीवन के अंतिम क्षणों में होने वाले पछतावे के दुःख व इसकी पीड़ा से बच सकते थे।

इसी प्रकार का पछतावा रानी कैकेयी को भी अपने जीवन काल में तब हुआ था जब राजा दशरथ ने बीमार रहने के पश्चात अपनी मृत्यु के अंतिम क्षणों में राम को पुकारते हुए अपने प्राण त्याग दिए थे। उस समय रानी कैकेयी को भी अपनी भूल पर पश्चाताप हुआ था, जो उसके लिए भी उसकी मृत्यु के समय का सबसे बड़ा पछतावा बन कर रह गया।

इतिहास में एक नहीं अनेक वृत्तांत हैं जिससे किसी भी व्यक्ति विशेष का ही जीवन प्रभावित नहीं हुआ बल्कि इससे देश काल तथा सम्पूर्ण इतिहास भी प्रभावित हुआ। जिसका समय रहते उचित समाधान हो सकता था किन्तु किन्हीं कारणों से, मानवीय विवशता से अथवा उसकी भूल से जब नहीं हो सका तो ऐसे में भी पछतावा स्वाभाविक है।

राज ऋषि शर्मा

पछतावा जिन बातों के लिए जीवन में होता है या हो सकता है, उन पर अपने 'मरने से पहले' के समय में ध्यान देने की अथवा उनमें सुधार लाने की आवश्यकता है। समय व्यतीत हो जाने पर जब उसका कोई भी समाधान शेष नहीं रहता तो फिर सिवाय पछतावे के भी कुछ शेष नहीं रहता।

राज ऋषि शर्मा

उपसंहार !

विषय जितना जटिल है उसकी व्याख्या शायद उससे भी अधिक जटिल पहलू है। 'मरने से पहले' का समय ! इस के प्रति समझ, इस पर चिंतन एवं सोच विचार कर अपने जीवन को उसके अनुरूप रूपांतरित करना कतई सरल नहीं है।

इसके लिए सर्वप्रथम आवश्यकता है तो विषय को आत्मसात करने की। इस बात को समझने की कि अपने अंतिम समय पर हमें अपने शरीर का त्याग करते समय किसी भी बात पर किंचित मलाल नहीं होना चाहिए। इसके लिए मन में आत्म संतुष्टि का भाव होना चाहिए।

अधिकांश असंतुष्टि का कारण हमारी अव्यक्त भावनाएं ही होती हैं। जिन्हें हम कभी भी व्यक्त नहीं कर पाते। जो हमारे दुःख का कारण बनती हैं। जो हमें भीतर ही भीतर से खा जाती हैं। यह मनुष्य को चाहे क्षणिक रूप से हो अथवा स्थाई रूप से , इन से मुक्त होना

राज ऋषि शर्मा

सहज ही सभी के लिए सरल नहीं होता। इन से मुक्ति ही मनुष्य को उसके जीवन के हर पल में स्वतंत्र तथा हर प्रकार के बोझ से मुक्त होने का आभास देती है। जो जीवन के अंत समय तक उसके साथ में बना रहता है।

कभी भी कोई ऐसा कार्य जिसके लिए हमारी अंतरात्मा की सहमति न हो तथा जो हमें न्यायोचित प्रतीत नहीं होता हो, उसे करने से हमें कभी भी आत्मिक रूप से संतुष्टि नहीं मिल सकती और जिस कार्य को करने से हमें आत्मसंतुष्टि ना मिलती हो उसे करने से जीवन के किसी भी क्षण के साथ ही मृत्यु के अंतिम क्षणों तक का पछतावा तो बना ही रहता है।

यह भी फिर तब ही हो सकता है जब मनुष्य द्वारा सही समय की पहचान कर ली जाए तथा उसके अनुरूप जो भी कार्य किया जाए, अपनी अंतरात्मा अनुसार पूर्ण संतुष्टि से ही किया जाये। जिसके लिए शेष जीवन के अंतिम क्षणों में किसी भी पल पर किसी भी प्रकार का पछतावा ना हो।

इस विषय पर विस्तृत रूप से चर्चा एवं मनन करने की आवश्यकता इसलिए भी थी कि जब मनुष्य द्वारा सही समय पर सही निर्णय नहीं लिया जाता है तो आमतौर पर जीवन के अंतिम समय पर वो तो पछतावे तथा वेदना का अनुभव करता ही है, उसके

राज ऋषि शर्मा

साथ ही उसके आत्मीय भी उसके आंतरिक कष्ट व पीड़ा से प्रभावित होते हैं।

मनुष्य को इस बात को तो कदापि भी नहीं नकारना चाहिए कि मनुष्य गलतियों का पुतला है और जीवन में समय समय पर भूल करना स्वाभाविक ही है। ऐसा दुनिया में कोई भी मनुष्य नहीं हो सकता जिस ने कि अपने जीवन में कभी भी कोई भूल ना की हो। तो फिर यदि जीवन में कभी कोई भूल हो भी जाती है तो सदैव यही प्रयास करना चाहिए कि समय रहते ही उसमें सुधार कर लिया जाए। फिर यदि किसी भूल को ठीक न भी किया जा सके तो इसे साधारणतया ही लेने का प्रयास करना चाहिए। इसे कभी भी इतनी गंभीरता से नहीं लेना चाहिए जिससे कि यह आपके जीवन का नासूर बन कर रह जाए।

विषयान्तर्गत इस पहलू पर भी बात करना आवश्यक है कि जब भी 'मरने से पहले' के समय की बात की जाती है तथा यह समझा जाता है कि उस समय मनुष्य पूर्णतया लाचार एवं अशक्त हो जाता है तथा जिस बात का भी उसे अपने जीवन में पछतावा होता है वह उसके लिए कुछ भी कर पाने में असमर्थ हो जाता है तो एक बात को विस्मृत नहीं किया जा सकता कि ऐसे समय में भी मनुष्य अपनी विवशता से निकल कर अधूरी अतृप्त अभिलाषाओं को पूर्ण करने के लिए प्रयत्नशील रहता है। ठीक उसी प्रकार से जैसे

राज ऋषि शर्मा

प्राकृतिक चिकित्सा के अंतर्गत बहुत सी बीमारियों का निदान मनुष्य का शरीर स्वत: ही करने लगता है ठीक उसी प्रकार बहुत सी समस्याओं का समाधान भी प्राकृतिक रूप से मनुष्य की प्रकृति स्वयं ही करने लगती है।

मनुष्य के लिए उसका चिकित्सक स्वयं उसका शरीर ही है, जो उसकी प्रकृति अनुसार स्वयं ही उसकी किसी भी समस्या के निदान के लिए प्रयत्नशील हो जाता है। शायद इसलिए यह भी कहा गया है कि जब किसी भी समस्या का कोई उपयुक्त निदान ना मिल पाए तो इसे ईश्वर पर ही छोड़ देना चाहिए।

'मरने से पहले' के समय को विभक्त तो नहीं किया जा सकता किन्तु इसके उपरांत भी यह निश्चित रूप से कहा जा सकता है कि इसका उत्तरार्ध एक ऐसा समय होता है, जब मनुष्य को स्वत: ही अपने अंतिम समय के समीप आने का आभास होने लगता है। उसके जीवन में जो भी समस्या या अतृप्त आकांक्षाएं होती हैं जिनके लिए कि उसे अपनी अंतिम अवस्था के चरम पर पछतावा हो सकता है उनकी चिकित्सा में निमग्न हो जाता है।

ऐसे समय पर अपनों को क्षमा कर दिया जा सकता है या कई बार दूसरों से क्षमा की अपेक्षा की जा सकती है। मनुष्य का प्राकृतिक व्यवहार परिवर्तित हो जाता है। चेहरा स्वाभाविक रूप से

राज ऋषि शर्मा

अपेक्षाकृत कुछ शांत हो जाता है। यदि वश में हो तो कुछ भी ऐसा शेष न रहे जिसके प्रति किंचित मात्र भी किसी के प्रति हृदय में किसी भी प्रकार की कोई ग्लानि रह जाए। आमतौर पर ऐसा होता है। बहुत से लोगों में कुछ परिवर्तन आ जाता है। जिस कारण से बहुत से लोगों के अंतिम समय में पछतावे में कमी हो जाती है।

इस बात को भी सदैव ही स्मरण रखना चाहिए कि दुनिया में कोई भी मनुष्य पूर्ण नहीं है। ना ही एक जैसा। हर कोई एक दुसरे से भिन्न है। जीवन में इस बात को भी कभी नहीं सोचना चाहिए कि यह भूल दुसरे ने नहीं की तो मैंने क्यों की। अंतत: मुझ से ही ऐसी भूल कैसे हुई। जीवन में ऐसी भी बहुत सी भूलें हो सकती हैं, जो दूसरों ने ही की हो, आप ने नहीं की हो। गलतियों से यदि सदैव सीखने का ही प्रयास किया जाए तो यह प्रयास मनुष्य के जीवन में सकारात्मकता ला सकता है। जितना इस बात को समझ लिया जाएगा उतना ही मनुष्य के सोच विचार में व्यापकता की भावना का समावेश होता जाएगा। जीवन आपका अपना है। इसलिए यह भी आवश्यक है कि इसे जैसे भी हो अपने ढंग से, खुलेपन से, दयालुता से, सम्मान से, सम्पूर्ण संतुष्टि, आत्मसम्मान एवं निष्पक्षता से जिया जाए। यही एक शांत एवं संतुष्ट जीवन यापन के लिए आवश्यक भी है।

इस विषय का वास्तविक उद्देश्य भी यही था कि अपने अंतिम

राज ऋषि शर्मा

समय के सत्य के साथ साथ ही इस बात से भी परिचित हो कि किस प्रकार से मनुष्य अपने जीवन की अंतिम यात्रा के पलों को तो शांतिपूर्ण बनाए, इसके साथ ही उसकी मृत्यु के समय, उसके संबंधी तथा परिचित भी एक प्रकार की शान्ति का अनुभव करें। अब कौन इस बात को अपने जीवन में उतार कर लाभान्वित हो पाता है यह तो व्यक्ति विशेष पर ही निर्भर करता है जो कि इस पर मनन करता है एवं इसके लिए समुचित प्रयास करता है।

मनुष्य के अंतिम समय पर चाहे उसके साथ विश्व भर का धन दौलत तथा सुख समृद्धि तथा वैभव क्यों ना हो, उसका सारा परिवार साथ सम्बन्धी तथा प्रियजन क्यों ना हों, अपने अंतिम समय पर पूर्ण शांतिपूर्ण देहावसान के लिए आवश्यकता है आत्मिक संतुष्टि की। आत्मिक संतुष्टि के लिए आवश्यकता है आत्मिक ज्ञान तथा आध्यात्मिक रूप से समृद्धता की। और इसके लिए भी जीवन में आवश्यकता है पर्याप्त साहस की, गहन अध्ययन, मनन तथा सात्विक परिवेश की।

राज ऋषि शर्मा

स्वप्र संबंधी विस्तार पूर्वक

जानकारी के लिए

अमेज़न, 'फ्लिपकार्ट, गूगल प्लेबुक्स पर

उपलब्ध।

'सपनों की दुनिया' पढ़ें।

स्वप्र हमें क्यों आते हैं?

देश विदेश के सुप्रसिद्ध स्वप्र।

क्या स्वप्र सत्य होते हैं?

अच्छे या बुरे स्वप्र।

स्वप्र लाभप्रद भी होते हैं।

सपनों पर नियंत्रण।

क्या स्वप्र अपनी इच्छानुसार देखे या सकते हैं?

राज ऋषि शर्मा

अदृश्य लोक (विश्लेषणात्मक)

अदृश्य लोक संबंधित

अद्भुत रोचक व विस्तृत विश्लेषणात्मक जानकारी के लिए

अदृश्य लोक पुस्तक अवश्य ही पढ़ें।

अदृश्य लोक क्या है व कहाँ पर है।

अदृश्य शक्तियां क्या हैं।

क्या अदृश्य शक्तियों से संपर्क संभव है।

अमेज़न, फ्लिपकार्ट, गूगल प्लेबुक्स,पर उपलब्ध।

राज ऋषि शर्मा

लेखक की अन्य रचनाएँ

1.स्वप्न विश्लेषण (विश्लेषणात्मक)

2.सपनों की दुनिया (विश्लेषणात्मक)

3.सुहाने पल (काव्य संग्रह)

4.सफल जीवन (प्रेरणात्मक)

5.पल भर की छांव (अति रोचक उपन्यास)

6.अदृश्य लोक (विश्लेषणात्मक)

7.जीना इसी का नाम है (प्रेरणात्मक)

8.मैं साधु नहीं (विचारात्मक,आध्यात्मिक)

9.आप स्वयं को बदल सकते है (प्रेरणात्मक)

10.चांदनी (लघु उपन्यास)

11.आओ कुछ देर सोच लें (प्रेरणात्मक)

12.ऐसा होता तो नहीं (अति रोचक उपन्यास)

13.हवाओं का आंचल (सम्पादित,काव्य-संग्रह)

14.मरने से पहले (विचारात्मक)

15.डॉक्टर कसाई (कहानी संग्रह,डिजिटल)

16.स्वप्न संसार (विश्लेषण,डिजिटल)

17.हर वर्ष पुनर्जन्म (सत्य कथाएं,डिजिटल)

18.रहस्यमय यात्रा (रोमांचक उपन्यास)

19.हिन्दुओं की स्थिति,जम्मू कश्मीर में (शीघ्र प्रकाश्य)

20.रात अकेली है (अति रोचक उपन्यास, शीघ्र प्रकाश्य)

राज ऋषि शर्मा